読みなおす日本史

観音・地蔵・不動

速水 侑

吉川弘文館

はじめに

六世紀の半ば、西から来た新しい神々の教え――仏教――は、日本人の信仰の世界を、現世から来世まで、大きく押し広げていった。さまざまのホトケが、その利益《りやく》を説く教典とともに伝わったが、日本人が特に親しみを感じ、守り本尊などにしたのは、過去に悟りを完成して浄土に住む釈迦・阿弥陀・大日《だいにち》といった仏よりも、人びとの間にまじわり、現世から来世まで多様な願いに直接応えてくれる、菩薩や明王《みようおう》であった。なかでも観音・地蔵・不動は、こうした日本人の守り本尊的役割を果たす菩薩・明王の代表であろう。どうしてこの三尊が、日本人の願いにもっともよく応えることができたのか。その理由を明らかにする過程で、日本人の信仰の実態がみえてくるかもしれない。

そこで、この本では、観音・地蔵・不動のそれぞれの信仰の歴史というよりも、日本人の信仰の大きな流れの中で、観音・地蔵・不動が、時代時代の人びとの願いに応じてどのように現れ、それぞれどのような役割を演じつつ今日に至ったかを考えてみた。これら三尊の信仰のからみあいを通じて、仏教伝来以来千数百年におよぶ日本人の信仰の時代時代の姿を、いささかなりと再現することができるなら、筆者にとって望外の喜びである。

目次

第一章　西から来た神

1　ホトケという名の神々

仏教伝来

日本最古の正史『日本書紀』は、欽明天皇十三年壬申《じんしん》の歳（五五二）に、百済《くだら》の聖明王が使者を遣わし、国書とともに釈迦像・経論などを献じたと記している。その一方、この出来事を欽明天皇戊午《ぼご》の歳（五三八）とする伝承もあるが、いずれにせよ百済から大和の朝廷に仏教が伝えられたのは、六世紀の中ごろと考えてよいだろう。もちろん朝鮮に近い九州などの渡来人の間では、故国の信仰として、これ以前から仏教は行なわれていたであろうが、外交ルートを通じて公に仏教が伝えられたのは、これが最初である。

聖明王の父武寧《ぶねい》王は、中国南朝の梁《りよう》と国交を結び、仏教文化を興隆したが、聖明王の時代には、百済は高句麗《こうくり》と新羅《しらぎ》の圧迫に苦しみ、日本の援軍に期待しなければならなくなっていた。聖明王は、「この教えは、もろもろの法の中でもっともすぐれ、天竺（インド）から三韓（朝鮮）までの国々はみなこの教えに従っているから、このたび使者に付して貴国に伝えるのである」との国書を、欽明天皇に呈したという。

当時、中国を中心とする東アジア文化圏では、仏教は単に宗教というよりも、諸国が模範とすべき中国の先進文化そのものであった。聖明王としては、日本の軍事援助が早く実現するよう、代償的な意味あいもこめて、先進文化としての仏教を日本の朝廷に伝えてきたのであろう。

金色の仏像

『日本書紀』の仏教伝来記事を読んで、もっとも興味深いのは、仏像に初めて接した欽明天皇の態度である。聖明王の国書の内容を聞いた天皇は、躍りあがるほど喜んで、使者に対し、

朕《ちん》、昔よりこのかた、いまだかつて、かくのごとき微妙の法を聞くことを得ざりき。

と告げた後に、並みいる群臣に対し、

西蕃《にしのとなりのくに》の献れる仏の相貌《かお》、端厳《きらきら》し。全《もは》らいまだかつてあらず。礼《いやま》うべきや不《いな》や。

と問うた。『日本書紀』の仏教伝来記事の文章が、『金光明最勝王経《こんこうみょうさいしょうおうきょう》』の文章を下敷きにしていることは、今日では定説である。仏教の教えを聞いた天皇が躍りあがるほど喜んだという前半部分は、書紀編者の型どおりの作文だろうが、後半部分は、天皇の言葉そのままかは別として、初めて仏像に接した当時の日本人の驚きを、率直に示している。天皇や群臣が目をうばわれたのは、金銅像のまばゆい輝きであり、端正な人形《ひとかた》の神体であった。

日本の在来信仰、カミの信仰では、鏡や剣や玉などを神を象徴する神体とすることはあっても、カミを人間の形で表現することはなかった。さらに、巨木や岩や森や山など、自然の事物がそのまま神体とされることも多いが、それは日本の神々が、いわゆる自然神の系譜を引くものだったことを示している。

「山河の荒ぶる神」と記されるように、農耕定住の古代日本人の信ずる神とは、畏怖の対象としての自然の中にひそむ精霊的存在である。神は人びとが立入ることをはばかる神域の森や山に住み、人びとの前に姿を現さない。共同体成員に神秘畏怖の感情を与える山河・巨石・巨木・動物など自然の形象に即して感得される存在である。

農耕技術が未熟で天候の予知もできない当時、きまぐれとも思える自然の変化が共同体に豊作や凶作をもたらす。当然、自然神としての神々は、ときに恵み幸《さきわ》い、ときに恐るべき祟《たた》りをもたらす、神意測りがたい忌むべきものと考えられた。人びとは、山や河で分断された地域社会——閉ざされた小宇宙——で、それぞれの地域神（国神）の荒ぶる力の前に、ひたすら「かしこ」の情《こころ》をもって仕えていたのである。

このように閉ざされた世界に暮らす人びとの間には、外の世界から入って来る新たな神を拝したならば、共同体の在来神である国神の怒りを招くであろうとの畏れの一方で、遠くまだみぬ世界からの神の訪れを待望するという相反する心理が潜在している。原始宗教を信ずる世界各地の未開社会での客人歓待の風習は広く知られているし、日本の場合は、折口信夫《おりくちしのぶ》が『古代研究』で指摘したように、かつては天上・海彼から訪れて村人に福寿をもたらす神をさした「客」《まれびと》の語に、その名残りを伝えている。こうした「客神」《まれびとのかみ》——遊幸神《ゆうこうしん》——が待望されるのは、閉鎖的な地域の国神にその霊威がまさると考えられたからである。先進文化圏の西の国々がみな尊び敬っていると記す聖明王の国書は、ホトケの霊威のうらづけとなったろう。

しかしなによりも、在来の国神と異なる「客神」としてのホトケの強烈な印象は、欽明天皇の驚きどおり、その金色に輝く像容にあった。神域にひそみ、自然の形象に即して感得される国神が、人間の形の神像として表現された例はなかった。それだけに、眼前に現れた端厳金色の人形《ひとかた》は、国神にまさる客神の霊威を、きわめて直截に印象づけたのであった。

祟る仏神

『日本書紀』によると、仏教受容の可否についての欽明天皇の下問に対して、蘇我稲目《そがのいなめ》は、「西の隣国がみな信じているというのに、日本だけがどうしてこの教えに背けよう」と受け入れを主張し、物部尾輿《もののべのおこし》と中臣鎌子《なかとみのかまこ》は、「百八十神《ももやそがみ》を祭ることをわざとしている天皇が、こんな他国の神など拝んだら、国神の怒りをまねくであろう」と反対した。決しかねた天皇は、仏像を稲目に授けて、試みに礼拝させたところ、疫病が流行し死者が出た。そこで天皇が尾輿らの要求に従い、仏像を難波の堀江に棄て流させたところ、こんどは天皇の住む磯城島宮《しきしまのみや》の大殿に災《わざわい》があり、宮殿は焼失した。

欽明のつぎの敏達《びだつ》天皇の世、大臣も稲目から子供の馬子《うまこ》の代になっていたが、似たような出来事があった。馬子が病気になり、占ったところ、「父（稲目）のときに祭った仏神《ほとけ》の祟り」といわれた。そこで百済伝来の仏像を礼拝したところ、疫病が起こり民が多く死んだ。尾輿の子守屋《もりや》と鎌子の子勝《かつ》海《み》が「蘇我氏が仏法を行なったからだ」と奏上すると、天皇は「仏法を断《や》めよ」と命じた。そこで守屋らが仏像を焼き流し、尼たちを捕えて鞭打つと、瘡《かさ》の病が流行し、人びとは、「これ仏像を焼きまつる罪か」とうわさした。

こうした崇仏派と排仏派の抗争の話は、『日本書紀』以外にも類似の内容が伝えられており、そのまま歴史的事実として信ずることはできないが、仏というものを古代の日本人がどのように理解していたかを考えるうえで、示唆に富む内容を含んでいる。

排仏派が、蕃神を拝すれば国神の怒りをまねくだろうと反対したのは、閉鎖社会の人びとの外来神に対する反応の一面を代表する意見であるし、崇仏派があえて仏像を拝したのは、西の先進諸国がみな帰依している客神の神威への期待という、いま一つの心理と無縁ではない。両派は、ともに仏を「客神」視し、これをどのように遇するかという点で意見を異にしているのである。

仏像を礼拝した結果、国神の怒りによって疫病が起こったので、西の海の彼方から来た仏像をその故国に帰そうと、大和の西の堺の難波の堀江に棄て流すと、歓待にあずかれなかった客神としての仏の怒りは、国神のそれにまさる災として大和を襲う。馬子が病んだのは「仏神の心に祟る」ゆえであり、その怒りをおそれて仏を拝すると、国神が荒ぶり、疫病が流行する。そこで排仏を行なえば、今度は「神（仏）の心いや益し」て、排仏の祟りの疫病をもたらすのである。

ここにおいて「仏」は、「蕃神」「今来《いまき》の神」「仏神」など「神」の名でよばれるだけでなく、その荒ぶり祟るさまにおいて、国神となんの相違もない。仏が本来有するはずの他人の苦を思いやり救おうとする慈悲の精神など全くうかがえない。農耕社会の自然と結びついたわが国の神が、ときに恵み幸い、ときに恐るべき祟りたたをもたらすという「測りがたき」二つの面を持った存在であることはすでにのべたが、それはそのまま、伝来期の仏に投影されていたのである。

個性のないホトケたち

病気になった蘇我馬子が「寿命を延べたまえ」と祈ったのは、前年に百済から伝来した弥勒の石像であったろうという。しかしこれは、弥勒信仰本来の姿からいえば奇妙である。弥勒菩薩は、釈迦のつぎの代の仏となることが定まっているので当来仏《とうらいぶつ》ともよばれ、兜率天《とそつてん》で修行中で、釈迦没後五十六億七千万年たつと、この地上におりて三会《さんね》の説法をして人びとを救うという。だから死後の兜率天への上生《じようしよう》や、三会の説法にめぐりあおうと願う来世信仰が弥勒信仰本来の姿なのだが、弥勒への馬子の祈りは、自分の病気をなおしてほしいという、素朴な現世利益的祈願である。

病気平癒を祈るなら薬師がもっともふさわしいが、おそらく馬子は、経典に説く弥勒と薬師の利益の相違などは明確に意識しておらず、「私の病は重くてなかなかなおりません。三宝《さんぽう》の力によらなければ、なおすことは難しいでしょう」と天皇に言上しているように、「蕃神」としての仏一般の呪力に帰依しているのである。

仏教が伝来してから一世紀余りの間、すなわち大化改新を経て白鳳時代ともいわれる七世紀後半ころまでは、弥勒や阿弥陀や釈迦に現世の利益を願ったり、尊像の種類に関係なく先祖の霊の追善を願ったりするのが普通であった。この段階では、さまざまの仏像と経典は伝来していても、諸尊の個性、利益の特徴というものは、まだ理解・意識されていないのである。こうした素朴な信仰段階を経て、この本でとりあげる観音・地蔵・不動の中では、まず観音が人びとの信仰を集めることになるが、その過程について、つぎにみることとしよう。

2　観音の登場

観音信仰の伝来

日本に観音の信仰が伝わったのは、いつのころであろうか。現存する観音像で製作年代が確定できる一番古い像は、東京国立博物館蔵の法隆寺献納金銅立像である。この像には、辛亥《しんがい》の年に亡くなった豪族笠評君《かさのこおりのきみ》のため、遺児と伯父が発願して造ったとの銘文がある。辛亥の年とは白雉《はくち》二年（六五一）と考えられるから、大化改新（六四五）の六年後にできた像ということになる。

年代的には、飛鳥文化と天平文化の中間に位置する白鳳文化の時代の像だが、天衣が両側に広がる二等辺三角形の形式は、法隆寺金銅釈迦三尊の脇侍にも共通しており、むしろ飛鳥末期の止利《とり》式の系統と考えられる。そして、銘文こそないが、大化前代に栄えた止利式の観音像が法隆寺献納のいわゆる四十八体仏のなかにいくつもあること、日本に仏教を伝えた聖明王の都の扶余《ふよ》付近から北魏時代の特色を示す金銅観音立像が出土していることなどをみると、中国の北魏で栄えた観音像とその信仰が、百済を経て飛鳥時代の日本に伝来していた可能性は高いと思う。

ただ、次章にのべるような『観音経』に説く現世利益の信仰が、当初から行なわれていたのかといいうと疑問である。七世紀に造られた観音像で、造像の目的を記した銘文がある像は少ないが、辛亥銘の観音像はじめ、その銘文にはほとんど例外なく、死者の冥福を祈って遺族が造ったと記している。つまり追善供養のための造像だが、同じ表現はこの時代の阿弥陀・弥勒・釈迦などの像の銘文にもみられ、特に他尊と異なる観音の利益を求める内容はうかがえない。前にものべたように、仏や菩薩の個性、それぞれの利益の特色や相違が、まだ理解されていないのである。したがって飛鳥・白鳳時代には、観音像は伝来し、日本人の間でも造られはじめたが、厳密な意味で観音信仰とよべるものは未発達だったということもできるだろう。

不可思議威神《ふかしぎいしん》の力

しかし八世紀の奈良時代になると、わが国でも仏や菩薩のそれぞれの利益の特色はようやく理解されはじめ、各尊の信仰は独自の展開を示すようになる。そうした中で、観音の場合まず現れてくるのは、天皇や貴族たちによる、観音の鎮護国家の利益への期待である。

天平十二年（七四〇）、藤原広嗣が九州で反乱を起こした。広嗣によれば挙兵の目的は、唐から帰国の後、僧侶の身でありながら宮中で権力をほしいままにしている僧正玄昉《げんぼう》を追放するためだという。これに対して聖武天皇は、軍に命じて広嗣を討伐するとともに、「願わくは聖祐《せいゆう》（仏の助け）によりて百姓を安んぜんとす」として、国ごとに高さ七尺の観音像を造り、『観音経』十巻を写すよう命じた。観音像と『観音経』の利益によって反乱を鎮め、国家の安泰を図ろうという発想は、玄昉の助言によったものだろう。玄昉は唐から多くの雑密《ぞうみつ》経典を伝えたが、その中には十一面観音や不空羂索《ふくうけんじゃく》観音に関する経典が含まれており、変化《へんげ》観音の現世利益に関心が深かったようである。

広嗣の乱の翌年、『金光明最勝王経《こんこうみょうさいしょうおうきょう》』に説く四天王《してんのう》の護国の力によって国家の安泰を図ろうと国分寺建立の詔が発せられた。その直後、玄昉は『千手千眼経《せんじゅせんがんきょう》』千巻の書写を発願し、足かけ三年の後に完成したが、その奥書には国分寺建立詔と全く同文の一節があり、玄昉の考えていた変化観音の利益が、国分寺の四天王による護国思想と共通する性格だったことがうかがえる。

玄昉は乱の責任をとらされた形で、ほどなく失脚したが、その後も観音の護国的霊験に対する朝廷の期待は変わらなかった。大仏造営など失政に苦しむ人民を救うためと称する橘奈良麻呂の乱、盗み出した称徳女帝の黒髪を髑髏《どくろ》に入れて呪ったという女官県犬養姉女《あがたいぬかいあねめ》の陰謀など、朝廷をゆるがす大事件が起こると、反乱や陰謀を未然に防げたのは盧舎那仏《るしゃなぶつ》・観世音菩薩・四天王の「不可思議威神の力」によるものだとの宣命《せんみょう》が発せられている。ここでも観音は、奈良時代の鎮護国家仏教の象徴である東大寺大仏の盧舎那仏や、国分寺の四天王と共通の性格で理解されているのである。

奈良時代の末、雑密的な山林修行者から称徳女帝の寵を得て権力をにぎった道鏡が、その威信を誇示しようと建立した西大寺の仏像をみると、四天王が六、薬師・弥勒がそれぞれ四、釈迦・阿弥陀がそれぞれ一であるのに対し、観音像は十一体と、きわだって多い。その中には、十一面・千手・不空羂索・馬頭《ばとう》などの変化観音像が含まれている。こうした変化観音の信仰は、奈良時代になって玄昉など遣唐使に従って唐で学んだ僧侶によって伝えられ、鎮護国家につらなる利益の面で、天皇や貴族たちに信奉されたのである。奈良時代の仏教の最大のパトロンである律令国家が仏教に求めたものは、なによりも国家の鎮護であったから、怪異な風貌と多様な現世利益を備えた変化観音は、当時伝来していた仏・菩薩の中では、もっとも護国の効験あらたかな菩薩として支配者層の目に映ったのであろう。

奈良時代の民衆と観音

しかし奈良時代の民衆の間では、観音は、もっと身近な日常生活のうえで危難を救い利益を与えてくれる菩薩として親しまれていた。奈良時代の末から平安初期の仏教説話を集めた『日本霊異記《にほんりょういき》』には、観音に関する説話が多数収められている。そこには、前代以来の追善的な内容の話もあるが、大部分は、観音の名を称えれば七難をまぬがれ、礼拝すれば福徳と智恵端正な子女にめぐまれ、また観音は時と処と相手に応じて姿を変えてあらゆる場所に現れ救済するという、『観音経』所説の反映・発展とみることができる。いくつかの例をみよう。

高麗に留学していた行善《ぎようぜん》という僧は、唐と高麗の戦いにまきこまれ、こわれた橋の上で進退窮まった。一心に観音を念じると、舟に乗った老人が現れて対岸に渡してくれた。行善が渡り終わると舟と老人は消えてしまい、老人が観音の応化と知った行善は、帰国後、観音像を生涯供養した。『日本霊異記』の編者景戒《けいかい》は、「誠に知る、観音の威力、思議しがたきことを」と記している（上6）。

美作《みまさか》国の鉄山で鉱夫が生き埋めになった。悲しんだ妻子は観音の絵を描いて供養し、穴の中の鉱夫も、「命を救って下されば、必ず法華経を写しましょう」と祈った。すると穴のすきまから一人の僧が入って来て鉱夫に食物を届けてくれた。やがて鉱夫の頭上に自然に穴が開き、鉱夫は助かることができた。いうまでもなく僧は観音の化身だった（下13）。

この他にも、唐軍の捕虜になったが観音に念じて故国に逃れ帰ることができた（上17）とか、藤原仲麻呂の乱に連坐した男が、処刑寸前に観音のおかげで命が助かった（下7）とかいう話があり、これらは観音を念じることで七難をまぬがれた典型であろう。またこんな話もある。

吉野山で修行していた御手代東人《みてしろあずまびと》という男が、観音の名を称えて、「南無、銅銭万貫、白米万石、好《よ》き女あまた施せ」と願った。すると貴族の娘が急に病気になり、たまたまよばれた東人は修行した呪力でこれを療した。とうとう二人は結婚することになり、東人は貴族の家の財物を得た。数年で彼女は病死したが、彼女の遺言で今度は妹の娘と結婚することになって、東人は現世で大福徳を得ることができた(上31)。

奈良の右京に住んでいた独身の女性は、父母が死に、家は零落したが、観音は願うところを与えてくれると聞き、かつて父母が造ってくれた観音の銅像の手に縄をかけ、「私は父母もなく孤独だ。家は貧しく生活する術《すべ》もない。私に福を施せ、早く早く」と、昼夜泣きながら願った。そのかいあって、金持ちの男やもめに出会うなど、さまざまのことが重なり、女は結婚し昔のような富を得て幸福になった(中34)。

ずいぶん虫のよい話だが、観音が即物的な願いをかなえてくれる菩薩として、民衆に親しまれていたことがうかがえるだろう。要するに奈良時代の観音の信仰は、天皇や貴族たちの鎮護国家の願いにはじまって、民衆の身近な危難を救い富を求める願いまで多様だが、その中心は現世利益の希求にあった。

奈良時代の人びとの信仰を示す一つの例として、現在残っている当時の文献に現れた諸尊の造像数を比較すると、観音像は四十六例を数え、二十例の阿弥陀像はじめ、釈迦像・弥勒像・薬師像などに対して、とび抜けて多い。バラモン教の地神に由来する地蔵は、同じく天神の系譜を引く虚空蔵菩薩と対で造られた場合など四例が認められるだけだし、不動明王に至っては、まだ全く現れていない。

文献の残り方は偶然性に左右されるとはいえ、奈良時代の社会で、観音がもっとも広く信奉されていたことは疑いない。観音は地蔵・不動に先んじてまず登場し、『観音経』などに説く、幅広く具体的な現世利益によって、日本人の信仰を最初に集めた菩薩であったといえる。

ところで『日本霊異記』の編者景戒自身、熱心な観音信者であったようである。景戒は、乞食《こつじき》する沙弥《しやみ》（まだ正規の戒を受けず修行中の僧）を夢にみて、これは仏のおさとしと考えた。

夢に出てきた沙弥は観音の変化《へんげ》だろう。なぜなら、まだ戒を受けていないものを沙弥というが、観音もまた同じことである。観音はすでに正しい悟りを開いているが、生きとし生けるものを利益するため、修行中の姿でいる。乞食《こつじき》の姿も、普門品に説く三十三身の現れだ。……観音の無縁の大悲（平等無差別の慈悲心）が、現実世界のすみずみまで馳せめぐり、この世の生きとし生けるものを救うのだ（下38）。

『日本霊異記』の説話に現れる観音は、時には身勝手とさえ思えるような信者の多様な願いにいちいち応えてくれるが、それは景戒の理解によれば、あえて親しみやすい姿になり変わり、この世のすみずみまでめぐって、大慈悲心ですべての人を救おうとする、観音の特性に他ならない。

私は「はじめに」で、日本人が数あるホトケの中で特に親しみを感じたのは、過去に悟りを完成して浄土に住む仏よりも、人びとの間にまじわり、多様な願いに応えてくれる菩薩や明王であったと書いたが、『日本霊異記』にみえる奈良時代の人びとの信仰や景戒の理解は、それをうらづけている。

こうした観音の菩薩としての親しみやすさの根元は、どこから生じてくるのだろうか。それは地蔵や不動にも共通するものなのだろうか。もしそうなら、この時代、同じ菩薩でありながら地蔵の造像が非常に少なく、明王である不動に至っては全く姿を現さないのは、なぜだろうか。

こうした疑問を解くためには、そもそも菩薩と明王は、インドでどのようにして生まれたのか、観音・地蔵・不動の救いの内容はどのように異なるのか、といった点を明らかにしなければならないだろう。そこでつぎに、インドにおける菩薩と明王の発生に遡って、この問題を考えてみよう。

第二章　観音・地蔵・不動——尊名の由来と役割

1　菩薩と明王

菩薩という言葉

菩薩とは、古代インドのサンスクリット（梵語）のボーディ＝サットバの音を菩提薩埵《ぼだいさつた》と漢字に写し、これを略したものである。ボーディとは「悟り」、サットバとは「有情《うじょう》」、すなわち人間など心をもった生きもののことで、「衆生《しゅじょう》」ともいう。したがって菩薩とは、「悟りをそなえた人」「悟りを求める人」といった意味になる。

インドで菩薩という言葉が成立したのは、紀元前一世紀ころと考えられている。はじめは、悟りを完成する以前の段階の釈迦、つまり釈迦の前身を説明するものとして、「釈迦菩薩」の形で成立した菩薩の観念は、その後しだいに変化発展し、仏の悟りを求める（自利）とともに、仏の慈悲行《じひぎょう》（慈悲とは、他人の苦しみに同情し、これを救おうとする思いやり）を実践し、一切衆生《いっさいしゅじょう》（生きとし生けるもの）を救おうと努める（利他）、理想的人間像を意味するようになった。こうした菩薩の観念の変化発展が、西暦紀元前後に興った仏教改革運動である大乗仏教と、深くかかわっていることはいうまでもない。

大乗仏教と菩薩道

大乗仏教は、苦行と学問により自分だけが救われることに汲々とし、他人の救済に無関心な出家者中心の仏教界のあり方を批判する運動だったが、その基盤は、釈迦の遺骨を納めた仏塔《ストゥーパ》を拠点とする在家色の濃い信仰集団であった。出家修行による悟りを求めることのできない在家の仏教徒は、仏塔供養を通じて、偉大な釈迦の慈悲に救いの根元を求めていた。

その釈迦が、どのようにして悟りの世界に到達したかを説明するために、一切衆生救済の慈悲心にうらづけられた釈迦菩薩の実践活動としての菩薩道が、仏塔教団の仏伝作者によって具体的に説かれ、さらに過去の釈迦菩薩にとどまらず、人びとを救おうと大慈悲心の誓願を立てて今も菩薩道を実践している、身近なさまざまの菩薩が考え出される。まず、現在仏の釈迦に対し、当来仏《とうらいぶつ》、すなわちつぎの仏となることが確定している菩薩として弥勒菩薩が観念される。さらに過去に悟りを完成した釈迦、未来の救済者としての弥勒だけではあきたらず、現世の救済者としての性格を持つ菩薩を求めるところに、一世紀の末ころまでに観音菩薩が成立し、以後も、文殊、普賢、地蔵など、さまざまな菩薩が生まれた。

弥勒をはじめとするこれらの菩薩は、すでに修行が完成し、「悟りを求めており、しかも悟りを得ることが確定している」段階にまで進んだ大菩薩である。しかし菩薩の観念が発達するにつれ、こうした修行の完成した大菩薩だけでなく、在家・出家や身分の上下を問わず、真に仏の悟りを求めて菩薩道を実践するものは、だれでも菩薩であるという考えに到達する。このいわば「凡夫《ぼんぶ》の菩薩」の観念は、一世紀の中ごろ形成されたといわれるが、仏道修行のあり方に大きな変化をもたらした。

在家的な仏塔教団の流れに立つ人びとは、悟りを求めて一切衆生を救おうと努める菩薩道の実践こそ、仏の願いにかなうものであり、これによってのみ真の悟りの世界に近づくと考えた。かれらは、菩薩道を実践するみずからの仏教を大乗と誇り、自利にのみ汲々とする従来の仏教を小乗とおとしめよんだ。乗《ヤーナ》とは乗りもので、迷いの此岸《しがん》から悟りの彼岸《ひがん》に至る教法を乗りものにたとえたのである。

親しみやすい菩薩

こうしたインドにおける菩薩の観念の形成過程をみると、仏（如来）よりも菩薩が人びとに親しみを感じさせる理由がよくわかる。仏が遠い過去に悟りを完成し、われわれの世界からはるかに離れた仏の国土（浄土）に住んで説法しているのに対し、菩薩は、六道に輪廻《りんね》し悩み苦しむ一切衆生を救おうと慈悲の誓願を発し、人びとの間にまじわり、われわれの願いに応えてくれる「現在の救済者」である。鎌倉時代の無住《むじゅう》という僧が『沙石集《しゃせきしゅう》』で地蔵菩薩をたたえ、

地蔵菩薩は、ことにわれわれに縁ある菩薩である。その故は、釈迦は一代の教化の主としての因縁つきて入滅したから、霊山《りょうぜん》浄土で説法をつづけているとはいえ、この世の衆生には、はるかに遠いものとなった。阿弥陀は四十八の大願の願主とはいえ、この世から十万億土をへだつという

極楽世界にいるのだから、浄土往生を願う正しい心の持主でなければ、救いの光明からもれてしまう。……釈迦は信者の能力がそなわった時にはじめて現れ、阿弥陀は信者の臨終の際にはじめて来迎《らいごう》するというが、地蔵は能力がそなわるのもまたず、臨終の際とも限らず、いつでも六道のちまたに立ち、昼も夜も生きとし生けるものにまじわって、縁なき衆生をも救いたまうのである。

と記したのは、地蔵に限らず菩薩の救いの特色、この世に生きるわれわれにとって菩薩が親しみやすい理由を、わかりやすく説明しているといえるだろう。では、もう一方の明王の場合はどうだろうか。

明王という言葉

仏教には、如来や菩薩と別に、不動明王はじめ、愛染《あいぜん》明王・大威徳明王・孔雀明王、あるいは五大明王・八大明王など、名前や姿はさまざまだが、いずれも「明王」とよばれる一群の諸尊がある。悟りを得た静かな落ち着きの表情の如来像、人びとを救う慈悲深い表情の菩薩像に対し、明王像の多くは、忿怒相《ふんぬ》とよばれる、みるも恐ろしい怒りの表情を示しているが、なぜだろうか。

明王の「明《みょう》」とは、サンスクリットのヴィドヤーの訳語である。ヴィドヤーとは、知恵・知識、ことに宗教的霊的な知識を意味する。こうした宗教的霊的な知識は、仏教の場合、仏の説いた聖なる言葉をつねに誦持《じゅじ》することによって、おのずと身に備わるであろう。こうして神秘的な力を持つ言葉（呪文）自体も「明」とよばれるようになる。ことに密教では、仏の真実を明らかにし、心の統一をもたらす真言《しんごん》・陀羅尼《だらに》を「明」「明呪」とよんで重視する。こうした「明」を誦持し、人にすぐれた呪力を身に備えたものが「持明者《じみようしや》」であり、さらに、それら「持明者」たちの王が「明王」ということになる。

密教とはなにか

このように「明王」は、密教が重んじる真言・陀羅尼の神秘的な力と不可分の形で形成されたのである。如来や菩薩の場合は、密教の下で成立したものもあれば、それ以前の伝統的仏教である顕教《けんぎよう》の下で形成されたものもある。しかし明王の場合は、すべて密教の下で形成されたという点に、きわだった特色がある。そこで、明王を生み出した密教とはどのような教えなのか、簡単にふれておこう。

密教とは「秘密仏教」のことで、日本では特に空海によって伝えられた「真言密教」をさすが、インドで「密教」にあたる教えを示す語として一般に用いられたのは、「金剛乗《こんごうじよう》」である。金剛とは、金属の中でももっとも剛いもの、あらゆるものを破砕する雷神インドラの武器金剛杵《こんごうしよ》に象徴されるように、堅固・不退・最上の形容である。密教は、その成立の歴史から、「最後の大乗仏教」といわれるが、インドの密教家たちは、自分たちの信仰を、「金剛大乗」すなわち「大乗仏教の至上なるもの」とも誇称していた。

密教の成立については、ヒンドゥー教の影響によるインド仏教における呪術的要素の増大としてとらえ、大乗仏教の一種の堕落と評価する見方もある。男女の交歓を積極的に肯定する倶生乗《ぐしようじよう》など、後世のいわゆる左道《さどう》密教をみれば、こうした評価も理由のないことではないが、呪術的要素それ自体は、仏教成立以前からインド人の信仰基盤にねざし、それが原始・部派仏教から大乗仏教に受けつがれたのであって、密教における「呪術的要素」とは、「堕落」というよりも、仏教が包摂していたこうした伝統的要素の発達・向上・純化としてとらえるべきであろう。

三密瑜伽《さんみつゆが》の行《ぎょう》

中国や日本の密教では、加持祈禱《かじきとう》の法である修法《しゅほう》を、その具体的実践内容から「三密瑜伽の行」ともよぶ。

「瑜伽」とは、サンスクリットのヨーガの音写で、「三昧《ざんまい》」とか「禅定《ぜんじょう》」とも訳されるが、「結びつけること」、すなわち精神を一つの対象に集中し持続することをいう。ヨーガが精神統一の神秘的哲学・修行法として、現代社会でも広く人びとの関心を集めていることは、興味深い。

ヨーガは、紀元前三〇〇〇～前二〇〇〇年代のインダス文明に遡るといわれるように、暑熱の国インドの風土に育まれた瞑想的・形而上的な宗教実践として、古い歴史を持つ。後には、ヨーガの修行によって解脱《さとり》に到達しようとするヨーガ学派が成立し、それは民間の呪術的俗信とも結んで、心を統一集中して三昧に入れば、すべて欲するままになしとげ得る、さまざまの超自然力が得られる、と説く場合もあった。戦前の有名な密教学者栂尾祥雲《とがのおしょううん》は、ヨーガを目的とする原始仏教の一派があり、この系統の発展、ヨーガの修行法の組織大成に、密教修法の成立を想定している。

つぎに「三密瑜伽」の「三密」とは、身《しん》・口《く》・意《い》の三つの秘密の業《ごう》（行ない）で、行者《ぎょうじゃ》の三業が仏の三業とあい応じることによって、仏が我《われ》（行者）に宿り、我が仏に通じる入我我入《にゅうががにゅう》の境になり、行者は、この身のままで仏になる（即身成仏《そくしんじょうぶつ》）という。

この密教実践の三つの柱である三密は、それぞれヨーガの修行法に遡ることができる。心の密行である意密《いみつ》は、ヨーガにおける心を一点に集中すること、そのものである。また『リグ・ヴェーダ』以来の神々に捧げる無数の呪文は、ヨーガにおいて心を集中するための勧行《かんぎょう》に応用され、密教では、仏の真実を明らかにし、心を統一する真言（陀羅尼・明呪）として儀礼にくみこまれ、口密《くみつ》となった。最後に、やはり心を一点に集中させるヨーガ成就の一法であった印契《いんけい》も、身体ことに手の結び方の約束によって仏の世界に通いあうとされ、真言には必ず印がともなうという形で身密《しんみつ》になった。

すなわち三密はじめ密教を構成する諸要素は、元来インドの伝統的宗教基盤に発するもので、それが仏教にとり入れられ、純化・発達して密教という一つの宗教に体系化されたのである。口密となる真言を例にとれば、仏教にとり入れられた当初は、ただ仏教徒を守護し災難を除く、ヴェーダの呪文と機能的には大差ないものだった。ヨーガ行者が、修行で興奮して発した、うわごとや叫び声のような、言葉として意味のないものも多かったのである。しかし密教では、無意味な単なる呪文ではなく、教義と結びついて、文字や簡潔な語句によって仏教の真髄を暗示あるいは明示する、意味あるものへと発達していく。

言葉をかえると、真言はじめこれら諸要素は、仏教にとり入れられた当初は断片的非体系的で、仏教の根本義に関係するものではなく、教理的にも実践的にも独自の意味をもたなかった。それがヨーガ的インドの宗教風土を背景にしだいに純化発達し、これら諸要素こそ仏教思想を総合する究極的秘法として、一つの世界観の下に独立した体系を形成した。その段階が、「密教」なのである。

純密《じゅんみつ》と雑密《ぞうみつ》

こうした独立した仏教としての密教成立の画期は、当然のことながら、純粋に密教の教えのみを体系的に説く経典の出現に求められるであろう。そうした最初の教典は、『大毘盧遮那成仏神変加持経《だいびるしゃなじょうぶつしんぺんかじきょう》』（大日経《だいにちきょう》）である。

『大日経』は、七世紀の中ごろ西南インドで成立したと思われるが、経典の名のとおり、大毘盧遮那如来（大日如来）という偉大な根本仏の成道《じょうどう》と神変と加持（仏の大悲大智と衆生の悟りを求める心が相応じ妙果を成就《じょうじゅ》すること）をのべたものである。この『大日経』の所説を図示したのが、胎蔵界曼荼羅である。

『大日経』と合わせて「両部大経」とよばれる密教のいま一つの中心経典は『金剛頂経《こんごうちょうきょう》』である。『金剛頂経』は、七世紀後半に南インドで原形が成立した後、つぎつぎと発展形成されていった経典群のいわば総称である。中でも有名な不空《ふくう》漢訳の『金剛頂大教王経』についてみると、完全な智そのものの大日如来の身を、真言行者が自分自身に成就するための五相成身観《じょうじんかん》を説くもので、この観行によって、行者は迷いを去り、金剛不壊《ふえ》の悟りの智を得て仏と一体となり得るという。この『金剛頂経』の所説を図示したのが、金剛界曼荼羅である。

『大日経』『金剛頂経』以前にも、さまざまの密教的な観行や呪法を説く経典は数多く存在した。しかし経典が密教の教主大日如来の説法として記述され、観行・呪法も断片的対症的な呪術ではなく、大日如来と一体となり成仏するという究極目標の下で体系化された点、この二つの経典の内容は、従来の密教的経典と一線を画するものである。それゆえ、密教史では、『大日経』成立以後の密教のことを「正純密教」「純密」とよんで、それまでの密教「雑密」と区別するのである。

仏の使者としての明王

『大日経』や『金剛頂経』に説かれる密教の教主大日如来は、全宇宙に遍満する絶対的真理（法《ダルマ》）そのものである。言葉をかえれば、天体の運行、四季の変遷、木々をそよがす風、小鳥の声、自然界・人間界のあらゆる出来事は、大日如来の活動であり、説法であり、その真理の現れである。

胎蔵界・金剛界曼荼羅は、大日の徳の開示である四つの仏を大日の四方に描くが、いずれにせよ、真理そのものである仏（法身仏《ほっしんぶつ》）を、われわれ凡夫が感得することは容易でない。そのため密教では、これら仏が衆生を教化救済のため、菩薩に姿を変えて説法すると考える。真理の当体（自性《じしょう》）そのものである仏の身を自性輪身《じしょうりんじん》というのに対し、その正しい教えを説いて衆生を救おうとする菩薩の身を正法《しょうぼう》輪身とよぶのである。

しかし、われわれ凡夫の中には、慈悲深い菩薩の説法だけでは、容易に教えに目覚めず従わないものもいる。また仏の教えを妨げようとする、さまざまの悪もある。こうした度し難い衆生を目覚めさせ、仏法を悪から護り、悪を退治するために、仏の命令を受けた使者が、明呪を持し、人にすぐれた力を備えた明王である。そうした仏の使命を帯びた明王であれば、悟りを得た仏や慈悲深い菩薩と異なり、衆生を畏怖させ、悪を破砕する、忿怒の形相で現れるのも理解されるだろう。

このように明王は、持明の使者であるが、その忿怒の形相はすべての衆生を救済する目的のためだから、いわば菩薩の慈悲の相と表裏の関係にあり、菩薩の場合同様、衆生のために仏が身を変えたと考えるべきであろう。それで明王のことを教令輪身《きょうれいりんしん》とよび、自性輪身・正法輪身と合せて三輪身《さんりんじん》というのである。教令とは、教法（正法）を仏の命令として実行するという意味である。

このように考えれば、明王の怒りの形相の奥には、実はすべての人を救い守ろうとする仏の無限の慈愛が宿っているのである。人びとが明王の怒りの姿に菩薩と逆の意味で親しみを感じ、仏の命令を実行する力強い姿に深い信頼をよせて帰依するのも当然といえよう。

以上で、菩薩と明王の性格のあらましは理解できたと思うので、つぎに、本書でとりあげる観音菩薩・地蔵菩薩・不動明王のそれぞれについて、尊名の意味、利益や形像の特色、インド・中国での成立発展過程などを、具体的にみてみよう。

2　現当二世の利益　観音菩薩

観音というよび名

観音は、古代インドのサンスクリットでアバロキティシュバラと記され、漢訳の経典は、これを光世音・観世音・観音・観世自在などと訳した。『西遊記』の三蔵法師としても親しい唐の玄奘《げんじょう》（六〇二〜六六四）は、インドに旅行して多くの経典を中国にもたらし、これらを正確な漢文に訳した大学者だが、「アバロキタは観、イーシュバラは自在の意味だから、光世音・観世音・観世自在などと訳するのは誤りだ」とのべている。

たしかにアバロキティシュバラをアバロキタとイーシュバラの合成語と考えれば、アバロキタは「観る《み》」、イーシュバラは「神」「自在天《じざいてん》」の意味だから、「観自在」という玄奘の訳は正しいであろう。しかし「観音」とは、『法華経』普門品《ふもんぼん》に「苦をうけた衆生が一心にその名を称えれば、ただちにその音声を観じて解脱させる」と記された意味をとった訳語だとか、さまざまな訳語が生じたのは、経典訳者がよったサンスクリットのテキストの文字が伝来の過程で異なっていたためだとか、いろいろの説もあり、玄奘以前の訳は不正確だと一概に断定できない。なんといっても日本人にとって、もっとも親しいよび名は「観音」であるから、以下このよび名を用いることにする。

『観音経《かんのんぎょう》』に説く観音の利益

観音の利益を説く経典は数多いが、もっとも有名で、しかも成立年代がもっとも古いと思われるのは、『観音経』の名で親しまれる『法華経』観世音菩薩普門品である。そこでは、仏が無尽意《むじんに》菩薩の質問に答える形で、観音のさまざまの利益を説いている。

観世音菩薩の名を称えるものは、大火の中でも火に焼かれない。大水に漂っても溺れない。大海で悪風に吹かれ羅刹鬼《らせつき》の国に漂着しても、難から逃れることができる。殺されそうになったときも、刀や杖がばらばらに折れて助かる。世に充満する夜叉《やしゃ》や羅刹などの悪鬼も、害を加えることはできない。罪人となり、手枷《てかせ》・足枷《あしかせ》・鎖につながれても、それらはみな断ち切られ壊れて助かる。宝を持って危険な道を行く商人も、賊から解放される。また婬欲の盛んなもの、怒りや憎しみの念の多いもの、愚痴の多いものも、観音を念ずるなら、それらから離れることができる。

また、子供のほしい女性が観音を礼拝供養するならば、福徳と智慧のある男の児、容姿端正で人々に愛される女の児を生むことができる。

以上の『観音経』の説く利益をまとめれば、口に観音の名を称えれば火難・水難・風難・刀杖難・羅刹難・枷鎖《かさ》難・怨賊《おんぞく》難の七難を逃れ、心に観音を念ずれば貪《とん》・瞋《しん》・痴《ち》の三毒を離れ、身に観音を礼拝すれば二求両願を満足させるという、きわめて幅広い現世利益である。

さらに、「観音はどのようにしてこの娑婆世界に遊行《ゆぎょう》して教えを説くのか」との無尽意菩薩の質問に対し、仏は、「観音は救うべき相手に応じ姿を変えて説法する」として、仏身《ぶつしん》以下、王や僧尼や在家の信者から竜や夜叉まで三十三種類の姿を列挙する。「観音の三十三身」とよばれるもので、観音の方便力《ほうべんりき》の偉大さをうかがうことができるのである。

観音菩薩の誕生

『法華経』は、インドで紀元一～二世紀、おそらく紀元五〇年から一五〇年ころにかけて成立したと考えられる。最初から現在の完成した形ではなく、観音・普賢・陀羅尼・極楽など、さまざまの仏教信仰を『法華経』信仰に関係づけて統一しようとする意図のみられるいくつかの品《ほん》は、比較的あとになってつけ加えられたと推定されている。普門品も、そうした品の一つだが、三十三身や七難の救済など、観音の性格や利益が具体的に詳しく記されているから、普門品が成立したころには、すでに観音の信仰はインドの人びとの間に相当広まっていたと考えるのが自然だろう。そうした点から、インドで観音菩薩が誕生した時期は、西暦紀元をそれほど下らないころ、おそらく一世紀末までとする説が有力である。

しかし観音の成立の由来については、はっきりしない。観音の起源を、『リグ・ヴェーダ』に出てくる三十三神の一つで天界に住むというヴィシュヌ神に求める説もあるが、中央アジアあるいは西アジア方面の、なんらかの女性神が仏教にとり入れられ、変成男子《へんじようなんし》の教説（仏教では、女性はいったん男性に変身してから成仏するという）に基づいて男性化したのではないかとの説は興味深い。

梵語学者の岩本裕氏や文化交流史の杉山二郎氏などは、イランのアナーヒター女神との関連に注目している。アナーヒターは、月の女神、水と豊穣の女神で、水瓶を持つ姿は観音のそれとよく似ている。アナーヒターはガンダーラ地方に受容され、クシャン王朝の下で女神ナナイアあるいはアルドフショーになり、この女性神格が観音の原形になったと推定するのである。さらに中国に伝わった観音は神仙思想の巫女の影響を受け、また日本でも観音像は、口もとに髭《ひげ》を蓄える一方で、女性を思わせる豊麗な姿態で表現され、近世にはマリア観音さえ生まれる。

観音のサンスクリット名は男性名詞であり、漢訳経典でも仏は観音に「善男子《ぜんなんし》」とよびかけているように、男性中心の世界観の仏教では、観音は明らかに男性である。しかし観音が女性的要素を色濃く含んでいるのは、その起源に地母神的女性神の影響を想定することで、容易に説明できるであろう。

阿弥陀の脇侍

普門品には、観音を特定の仏（如来）や浄土と結びつけるような記述はないが、阿弥陀信仰関係の諸経典、ことに『無量寿経』『観無量寿経』などは、阿弥陀如来の極楽浄土に住む無数の菩薩の中で、観音と勢至《せいし》の両菩薩が、阿弥陀の脇侍《きょうじ》（脇士《わきじ》）として最高の地位にあると説いている。

極楽浄土の起源については、さまざまの説があるが、岩本裕氏に代表されるような、インドの西方、イラン高原のオアシス楽園――エデンの園――にイメージの祖型を求める仮説は興味深い。こうしたオアシスの水の精としてのアナーヒター女神を起源とする観音が、極楽浄土の阿弥陀の脇侍として重要な地位を占めたと考えることもできるだろう。あるいはまた、人間最大の苦悩恐怖である死について、現世来世を通じて安らぎを与えるという阿弥陀如来の脇侍には、自在の神力で人びとの多様な苦悩を救う観音がふさわしいとも考えられたであろう。

普門品にも、観音は地獄・餓鬼・畜生の三悪道に苦しむ人びとを救うという偈《げ》（詩頌《しじゅ》）があるが、浄土教経典の出現によって、観音が現世だけでなく来世の救済にもすぐれた利益がある、いわば現当二世の利益を兼ね備えた菩薩であることが明瞭になった。浄土教では、観音と勢至は、慈悲と智慧という阿弥陀如来の二つの徳を、それぞれ象徴人格化したものとされ、阿弥陀を中心に観音・勢至を左右に配する阿弥陀三尊像が盛んに造られた。平安時代の末から現れる阿弥陀来迎図でも、観音は蓮台をささげ、合掌する勢至とともに聖衆の先頭に立ち、臨終の人を極楽浄土に導く役割を果たしているのである。

補陀落山

このように浄土教関係の経典は、観音の住所を極楽とするが、『華厳《けごん》経』入法界品《にゅうほっかいほん》では、観音は補《ふ》陀落山《だらくさん》（光明山）に住んでいることになっている。求道の旅を続ける善財童子《ぜんざいどうじ》という若者が、補怛洛《ほたら》迦《か》という海に面した美しい山で観音にめぐりあい、大慈悲の説法を聞いたというのである。七世紀前半にインドをおとずれた玄奘三蔵は、マラヤ山の東にポータラカ（布呾洛迦）という山があり、ここが観音の霊場で、またセイロン島への海路に近いことを記している。そこで現在では、補陀落山の名の起こりとなるポータラカとは、インド南端のコモリン岬に近いマラヤ山の東の丘に実在した観音の霊場であったろうと推定されている。

『華厳経』では、この丘の泉が流れ出て樹木が茂り香草が地面をおおうあたりで観音が説法していることになっており、玄奘も、ポータラカの山頂に池があり、池のそばに観音が来遊すると記している。極楽の場合同様、オアシスの水の精、アナーヒター女神と観音の関連を想起させる描写だが、この丘が観音の住所とされた大きな理由は、当時のインドで観音が航海守護神として信じられていたことにもよると思われる。

すでにふれたように『観音経』は、「もし大水のためただようとき、観音の名を称えれば浅瀬につくことができる。もし宝を求めて大海に入り、悪風に吹かれて羅刹鬼国にただよっても、一人でも観音の名を称えれば、みな羅刹の難をまぬがれる」といった水難・風難についての利益を説いている。羅刹鬼国とは、人を食う魔物の羅刹が住むと信じられた獅子島（セイロン島）のことで、造船や航海技術、気象の予知が未発達な当時、南海貿易に従事していた商人たちが、難破漂流の災難を救うものとして、観音を信仰していたことがうかがえる。南海に面してそびえ、セイロン島などとの貿易航路にほど近く、海上からよく望まれる山丘は、航海守護神としての観音の住所にふさわしいと考えられたのであろう。

このように『華厳経』などが説く補陀落山は、インドに実在した観音霊場を想定したものと思われるが、観音信仰がインド以外の地域にも広まるにつれて、各地に補陀落の名を冠する観音霊場が生まれた。中国の舟山列島の普陀山、チベットのボータラ、そしてわが国の熊野那智や日光二荒《ふだら》山は、その代表例である。ことに那智では、海上はるかに常世《とこよ》の国が存在するという古来の他界信仰に『華厳経』の所説が重層し、生身の観音にまみえんとする補陀落渡海の物語を今日に伝えているのである（一三四ページ参照）。

聖観音と変化観音

初期の観音の形像は、いわゆる聖《しょう》（正）観音であった。『観音経』は、観音が人びとを救うため、時や処や相手に応じて三十三に姿を変えることは説いているが、観音そのものがどのような姿なのかは具体的に説明していない。しかし五世紀中ごろ漢訳された『観無量寿経』は、観音の頭上の宝冠には仏の化身の化仏《けぶつ》があると記している。『観無量寿経』は化仏がなに仏か明言していないが、後になると観音が阿弥陀の脇侍であることから、この化仏は阿弥陀仏だとする説が有力になった。

いずれにせよ聖観音像の最大の特徴は化仏で、水瓶や蓮華を持つのが一般的である。観音信仰が発生して以来、観音といえば、この聖観音の形像しかなかった。ところが六～七世紀以後、この基本型からさまざまに変化した観音、いわゆる変化《へんげ》観音がつぎつぎと形成された。聖観音という言葉も、変化観音が生まれた後に、これと区別する意味でよばれるようになったのである。

変化観音は、十一面、千手千眼……といった名称からもわかるように、多面多臂《ためんたひ》、すなわち多くの顔や目や手足などで、その性格や利益を具体的に強調して示している。こうした異様な姿の変化観音は、ヒンドゥー教の影響でインド仏教がしだいに密教化していく過程で、多面多臂像の多いインドの神々の表現手法をとり入れて生み出されたと思われる。こうして多様な変化観音が観音像の主流になり、中国でも日本でも、観音は密教信仰発達のうえで重要な役割を果たすのである。

つぎに代表的な変化観音について、簡単に説明しよう。

十一面観音《じゅういちめん》

ボンベイ北東のカーネリー（カーンヘーリ）石窟には、四臂の十一面観音像がある。この像の年代については、六世紀から八世紀ころまで、学者によって説が分かれるが、現存するインド最古の変化観音像とされる。十一面観音の成立については、ヒンドゥー教の影響、ことに十一面多臂で千眼を備え、弓矢を持ち、荒ぶる神と治病神の二つを兼ねた十一荒神が仏教化されたのであろうとの説が普通だが、あらゆる方角（十方）に顔を向けるという観音の徳性の具像化とする見方もある。面の数は、本面と合わせて十一面で、蓮華と数珠を持つ二臂像が一般的だが、本面の上に十一面をのせたり、四臂像だったりする場合もある。

十一面観音の利益は、五七〇年ころ漢訳された『十一面観世音神呪経』などに説かれる十種勝利《じっしゅしょうり》と四種果報が有名である。十種勝利とは、財物衣服が満ち足り、病気や刀杖火水の難をまぬがれるといった十種類の勝《すぐ》れた現世利益、四種果報とは、命終わるとき諸仏にまみえ、地獄に堕ちず、無量寿国（極楽）に往生できるといった、四種類の来世の果報である。

不空羂索観音《ふくうけんじゃく(さく)かんのん》

不空とは、「心願空《むな》しからず」、つまり「この尊を信じるなら願いがかなえられないことはない」の意味、羂索とは、インドで戦いや猟に用いた投げ縄状の罠《わな》で、この観音の他にも不動明王が持ち物にしている。投じられる羂索から逃れるものはないとされるところから、観音が慈悲の羂索をもって、もれることなくすべての人びとを救い、その願いを満足させることを示している。

『不空羂索神変真言経』によると、この真言を称える人は、現世で二十種、臨終に八種の利益を得るという。内容的には、十一面観音の十種勝利・四種果報をそれぞれ倍増して、より詳しく説いており、この観音が十一面観音にひき続いて成立し、より強力な利益を有することを強調しようとしていることがうかがえる。

さらに『不空羂索神変真言経』は、こうした個人的利益だけでなく、国土が乱れ反乱のあるとき、この真言を称えると国土一切の人民は安穏になると説いている。中国や日本で不空羂索観音が重んじられた大きな理由は、こうした鎮護国家の利益にあったといってよい。そのためか東大寺など大寺には安置されたが、一般の人びとの信仰としては、それほど発展しなかった。

千手《せんじゅ》観音

この尊は、千手千眼、千臂千眼、その他さまざまのよび方があるが、もっとも一般的なよび方は千手観音である。インドでは、十一面、不空羂索の後に成立したと考えられ、無限を示す千という数からもわかるように、それまでの変化観音の多面多臂の姿を考えられる限り発展させることで、観音の慈悲の力を最大限に強調しようとするのである。

『千手千眼経』によると、この尊は、「一切衆生を利益し安楽ならしめるために、身に千手千眼を生ぜしめよ」と願って、このような姿になったという。この願によって、千手観音は、一千の慈眼で人々をみつめ、一千の慈手で人びとを救う。密教の曼荼羅では、観音諸尊を主に配列する部分を蓮華部（観音院）とよぶが、千手観音はこれら蓮華部の諸尊の中で最高の威徳を有するので、「蓮華王」とも称する。千手観音を安置する京都の三十三間堂が正式には蓮華王院とよばれるのは、このためである。

経典によれば千手観音は、千手・千眼・千首・千舌・千足といった表現が必要だが、実際に造像するのは難しいから、一般にみられるのは十一面千手、その千手の掌にそれぞれ一眼を有する形である。その千手も、はじめは千本の手を造ったが、後になると、本体の合掌する二臂の他に左右各二十手、合計四十手（本体の二臂を合わせれば四十二手）に省略するのが普通になった。

千手観音は、その慈悲の力が他の観音に冠絶するということで、唐の時代には大悲観音とよばれて流行し、日本でも奈良時代以来、広く尊崇された。西国三十三所の現在の本尊をみると、千手観音は約半数の十六体を数え（つぎに多いのは十一面の七体）、日本の観音信仰で千手観音が大きな比重を占めていることがうかがえる。

馬頭《ばとう》観音

この尊は、頭上に馬頭をいただくところから、このようによばれる。古代インドでは、悪蛇を退治したり太陽の車を動かしたりするという馬神の信仰があり、また観音の成立に影響したのではないかとされるヴィシュヌ神も、馬頭に化身して梵天に復讐したという神話がある。こうした馬の神格化や馬頭の威力の信仰が馬頭観音を成立させたのであろう。

馬頭観音は、そのすさまじい忿怒の形相から、慈悲を本誓とする観音、さらには菩薩としてふさわしくなく、「馬頭明王《めず》」などとよばれるように、悪を破し仏法を護る明王の一つと考えられた場合さえあった。しかし十一面観音が慈悲の面相だけでなく怒りの面相を備えていることでもわかるように、観音は慈悲の方便としての怒りや力の面も兼ねており、馬頭観音は、そうした観音の性格の一面を特に強調したものと考えることもできる。

馬頭観音は、その忿怒の相によって、さまざまの魔障をくだき、日輪となって衆生の暗を照し、悪趣の苦悩を断つことを本願とする。しかしその異様な忿怒相のためか、わが国ではなじまれず、後に、馬頭をいただくところから六道の中の畜生道を司るとされ、特に馬など家畜の守り神とされるようになった。

如意輪《にょいりん》観音

如意輪とは、如意宝珠法輪《にょいほうじゅほうりん》の略である。仏教に古くからある、意のままに無数の珍宝を出すという如意宝珠の信仰に、煩悩を破する法輪の威力を加え、これを観音の性格に結びつけたのである。つまりこの観音は、すべて意のままになる如意宝珠の境地にあって、つねに法輪を転じて人びとを教化し、富や力や智恵を願いのままに授けるというのである。

この観音の成立は、主な変化観音の中でもっともおそく、その利益を説く『如意輪陀羅尼神呪経』がはじめて漢訳されたのは、八世紀初頭のことである。中宮寺の本尊など、飛鳥時代の像で如意輪観音と伝えられるものがあるが、当然それらは誤りである。如意輪観音は、立像よりも足をくずした坐像が多く、平安時代以後一般化する六臂像では、右の一手を頰にあてて衆生救済の想いにふけり、他の手で如意宝珠・宝輪・蓮華・念珠などを持つ。観心寺の秘仏如意輪観音の艶麗な姿を記憶される方も多いであろう。

准胝《じゅんでい》観音

准胝はサンスクリットのチュンデイの音写で、准提・准泥とも書く。心性清浄を称える女性名詞であり、母性を象徴するといわれ、准胝仏母《ぶつも》・七倶胝《しちぐてい》仏母などとも呼ばれる。経典では観音の名がついていないので、本来観音ではないとする説もあるが、日本では真言宗の小野流が観音と認め、今日では観音の一つに数えるのが普通である。むしろこの名称に、観音信仰形成における女神の影響を読みとるべきかもしれない。

この観音の利益を説く経典は、七世紀の末に漢訳された『七倶胝仏母心大准提陀羅尼経』である。倶胝とは千万あるいは億をさす古代インドの数単位で、七倶胝は無量無限大を意味する。未来に生まれる衆生をあわれんで、過去の無数の仏たちが悟りを得るために称えて験があった「仏母准胝陀羅尼」を説く、といった内容である。

すなわち七倶胝仏母とは、過去無量仏の称えた陀羅尼を司る過去無量仏の母のことで、未来にわたって、この陀羅尼を称える信者を守護するのである。この陀羅尼は悟りを得ることを目的とするものだから、この尊の利益はどうしても抽象的になる。醍醐寺を中心とする真言宗小野流は、准胝を観音に数え、求児・安産の利益を強調したが、他の観音の信仰ほどには盛んにならなかった。

中国への広まり

インドであいついで生まれた聖観音と変化観音の信仰は、西域を経て中国に伝わった。『法華経』がはじめて漢訳されたのは三世紀後半だから、そのころには普門品に説く観音の利益は、中国人に知られたはずである。しかし三〜四世紀の中国人の観音信仰を示す史料は、わが国の古墳から出土した三〇〇年前後の中国製の仏獣鏡に、蓮枝を持った観音らしい菩薩が描かれている他には、まだ発見されていない。それが五世紀になると、蓮枝と水瓶を持つ観音像が、盛んに中国で造られるようになる。

黄河流域の竜門《りゅうもん》にいとなまれた有名な竜門石窟には、五世紀末の北魏の時代から八世紀はじめの唐の時代までの、さまざまの種類の仏像が残っている。その造像の傾向をみると、五世紀から六世紀には弥勒・釈迦の造像が多く、七世紀以後は阿弥陀像が流行する。

ところが観音は、時代による大きな変動はなく、各時代を通じて盛んに造像されている。まだ阿弥陀像が現れない北魏の時代から観音が造られたことでもわかるように、観音は阿弥陀の脇侍よりも、『観音経』による独立した菩薩信仰として発達したのである。もっとも『観音経』に説く観音の利益は、主に現世利益だが、竜門石窟の造像願文をみると、父母をはじめとする家族の追善が現世利益と分ちがたく結びついており、ここにインドとは異なる、家中心の中国仏教の特色をみることができる。

時代が下るにつれて中国の観音信仰は、十一面・千手をはじめとする多くの変化観音像の流行によって、ますます盛んになり、観音信仰を鼓吹するさまざまの偽経も作られ、「家家観世音、処処阿弥陀仏」のことわざのように中国人の信仰の中心を占め、今日に至っている。

3　大地の徳　地蔵菩薩

地蔵というよび名

地蔵のサンスクリット名は、クシチガルブハという。クシチは地を意味し、ガルブハは胎あるいは子宮、包蔵する意をあらわすので、これを合わせて地蔵と訳するのである。『地蔵十輪経』は、「よく善根を生ずることは、大地の徳のごとし」と地蔵の徳をたたえており、この菩薩は大地の徳の象徴と考えられる。地蔵が地下の地獄を救い、冥府の支配者閻魔《えんま》と同体とされるのも、みな大地の擬人化によるのであろう。

こうした大地の徳の擬人化は、おそらくバラモン教の地神プリティヴィーに起源すると思われる。『リグ・ヴェーダ』は、数多くの古代インドの神々への讃歌を記すが、その中で、天神（ディアウス）と地神（プリティヴィー）に対し、「両神は歩むことなく、足なくして、歩み足あるあまたの胎児を受容せり。肉親の息子を両親の膝に受くるがごとくに、天地両神よ、われらを怪異より守れ」と歌っている。こうしたインド古来の地神の信仰が仏教にくみこまれ、大乗仏教の下で理想的神格となったのが、地蔵菩薩であろうと考えられている。

地蔵の利益

地蔵信仰を説く経典を代表するのは、『地蔵十輪《じゅうりん》経』『地蔵本願《ほんがん》経』『占察善悪業報《せんさつぜんあくごうほう》経』の三つで、地蔵三経とよばれるが、地蔵の利益の特色は、ことに『十輪経』と『本願経』によく現れている。

地蔵の利益を具体的にみると、『十輪経』は飲食・衣服・宝飾・医薬が充足し病を除くと記し、『本願経』が、土地は豊穣、家宅は永安、長寿で水火の災もないと記すように、日常的な多種多様な現世利益もあるが、むしろ利益の特色は、こうした現世利益よりも、六道抜苦《ろくどうばっく》にある。

両経の説くところによると、地蔵は、釈迦が没して以後、つぎの仏の弥勒が現れるまでの五濁《ごじょく》悪世無仏《むぶつ》世界の衆生を救うよう、仏にゆだねられた菩薩である。それゆえ地蔵は、『十輪経』が「此土《しど》末法の教えなり」と記すように、仏なき末法の世の救い主として、あらゆる場所に身を変えて現れ、六道輪廻に苦しむ人びとを救うのである。

ことに六道の中でももっとも苦しみの激しい地獄の救済こそは、地蔵本願の特色である。『十輪経』は、「地蔵は、あるいは炎魔王《えんまおう》、あるいは地獄の獄卒、あるいは地獄のもろもろの有情《うじょう》になりかわって、人びとのために説法する」と記し、『本願経』は、もともと地蔵の前世は、地獄に堕ちた母を救った孝行なバラモンの女であり、地獄の衆生を解脱させることこそ地蔵の本願である、と強調している。

地蔵の住所

『十輪経』には、仏が佉羅提耶山（伽羅陀山《からだせん》）で地蔵に教示したという記載があり、地蔵は衆生を救うため南方から来る、とも記している。地蔵の住みかが南方だというのは、インド人の世界観で、須弥《しゅみ》四州のうち南方の州が人間の住む世界とされ、人間の住む大地の神としての地蔵にふさわしいからであろうか。

わが国の信仰では、地蔵は伽羅陀山から地獄などの悪趣に入って衆生を救うとされた。平安時代の末の『梁塵秘抄《りょうじんひしょう》』に、

わが身は罪業《ざいごう》重くして　つひには泥犁《ないり》（地獄）へ入りなんず　入りぬべし　佉羅陀山《からだせん》なる地蔵こ

そ　毎日のあかつきに　必ず来り訪うたまへ

とあるのは、こうした考えを示している。しかし六道をめぐり罪深きわれわれを救うのが地蔵の本願だという信仰が進むと、鎌倉時代の説話集が、「(地蔵は)悪趣を住みかとし罪人を友とする」と説いたように、伽羅陀山ではなく、この六道悪趣の世界こそ地蔵の住みかだ、地蔵はわれわれと共に暮らしているのだ、という考えもでてくるのである。

地蔵像の特徴

地蔵菩薩の像といえば、すぐ目にうかぶのは、村の境や道の辻に置かれた石像などの、宝珠と錫杖を持った比丘《びく》(僧)の姿、一般に声聞形《しょうもんぎょう》とよばれるものである。『十輪経』は、「その時、地蔵菩薩……神通力をもって声聞形を現し、南方より仏前に来至して住す」「地蔵真大士……声聞の色相を現し、……出家の威儀を現し」などと記している。一般に菩薩は、長い髪を梳《くしけ》ずって結び、宝冠をいただき、瓔珞《ようらく》などさまざまの飾りを身にまとうが、こうした菩薩形の地蔵像は、密教の曼荼羅などを除けば非常にめずらしく、中国・日本を問わず地蔵像の多くは声聞形である。

声聞とは、サンスクリットのシュラーヴァカの訳である。声を聞くもの、つまり仏の言葉を聞いて悟るもののことで、もともと釈迦在世のころの弟子をさした。地蔵は菩薩なのに、なぜこうした出家の姿をするのかについて、鎌倉時代の『覚禅鈔』は、「内に菩薩の行《ぎょう》を秘め、外に比丘の相を現す」という『不空軌』の文を引用して説明している。『不空軌』とは、唐の時代の不空訳と伝える『地蔵儀軌』のことで、地蔵が声聞形をとる理由は、ここにもっともよく示されている。それは、内に大乗菩薩道実践の大願を秘めながら、衆生済度を容易にするため、外見はだれにも親しみやすい僧侶の姿をとる、というのである。

観音の三十三身の一つに声聞身があるように、仏や菩薩が衆生済度のため、かりに声聞となって現れる「応化声聞《おうげしょうもん》」は、かならずしも地蔵に限らないが、菩薩としての本身よりも、こうした衆生済度の応化身《おうげしん》の姿で信奉される例はめずらしい。ここにも六道をめぐり一切衆生を救おうという地蔵の本願が、色濃く現れているのである。

インド・中国の地蔵信仰

地蔵がバラモン教のプリティヴィーに起源すると考えられることはすでにのべたが、インドでは地蔵信仰はあまり発達しなかった。『高僧法顕伝』『大唐西域記』『南海寄帰内法伝』など、七世紀ころまでの中国僧のインド旅行記には、当時のインド人の信仰や仏像について詳しい記載があるが、地蔵信仰については全くふれていない。また地蔵像の遺品についてみても、エローラの石窟寺院に、四五〇年から六五〇年ないし七〇〇年代の作とされる曼荼羅の一尊として彫られた例があるだけで、独立した地蔵菩薩像の存在は、まだ確認されていない。そのため、地蔵はインドでは、いわば二流の菩薩で、その信仰が実際に発達するのは八世紀以後だという説さえある。

中国に地蔵の経典が伝わったのは比較的早く、北涼（三九七～四三九）の時代に『十輪経』が漢訳されている。しかし地蔵が中国人の間で広く信仰されるようになるのは、七世紀中ごろ玄奘によって『十輪経』が新訳され、ついで『本願経』も漢訳された、唐の時代以後のことである。中国仏教の信仰対象の移りかわりをよく示している竜門石窟の造像についてみると、北魏時代の地蔵像は全くなく、最古の地蔵像は唐の時代、六六四年の銘のある像になる。竜門と並ぶ敦煌《とんこう》石窟でも同様で、唐以前の地蔵壁画を認めることはできない。

三階教《さんがいきょう》と地蔵信仰

地蔵信仰が唐の時代に初めて盛んになることは、地蔵の本願から考えても、現世を末法濁世《まっぽうじょくせ》とみなす思想の形成が必要なことを示している。こうした末法思想と地蔵信仰の関係は、三階教の地蔵信仰によく現れている。

三階教は、隋の時代に起こり、唐の時代に盛んになった、末法思想を基盤とする新興宗教である。仏教のあらゆる教えを、時・処・人に関して三つの階級に分け、現在の世は第一階・第二階を経て、時は末法、処は穢土、人は破戒邪見の凡夫である第三階にあたるという。こうした第三階の人びとを救うには、第一階・第二階の既成仏教ではだめで、第三階にふさわしい新しい教えが必要だと説くのだが、そこでは末法衆生の救済を本願とする地蔵が崇拝され、「『十輪経』は、すなわち此土末法の教えなり」として、三階教の書物には『十輪経』の経文が盛んに引用された。

時代おくれの第二階の教えとされた浄土教の僧が、「三階の徒は、浄土を求めず地獄に堕ちて、その苦しみの中で地蔵の救いを望むのか」と揶揄したように、既成仏教を批判する三階教は諸宗派に憎悪されて、しばしば弾圧を蒙った。そのため三階教は、宋（九六〇〜一二七九）の時代には滅亡するが、地蔵信仰は民衆の堕地獄の恐怖の下で、道教の十王思想とも結合し、民間にますます浸透していくのである。

4　持明の使者　不動明王

不動というよび名

不動明王にあたるサンスクリット名は、『大日経』に記すアチャラ＝ナータである。アチャラとは「動かないもの」、ナータとは「守護者」の意味で、『大日経』の漢訳では、不動尊・不動主・無動尊などの訳語をあてている。なおアチャラとは、内容的には動かない大山をさすから、不動尊は山の守護神で、後に不動像が盤石《ばんじゃく》の上に表現されるのは、こうした山との関係を示すともいわれる。

いずれにせよアチャラ＝ナータは、原語の意味からいえば「不動の尊者」であり、「不動明王」という訳語は不適当だとする意見もある。しかし密教経典の漢訳で大きな役割を果した唐の一行《いちぎょう》（六八三〜七二七）は、『大日経疏』第九で「不動明王」という言葉を用いて説明しており、不動尊が明王に分類されることはまちがいないから、「不動尊」が正しく「不動明王」というよび名は誤りとするのは、形式的にすぎるだろう。美術史の分野では不動明王、信仰の面では不動尊の語を用いることが多いともいうが、ここでは、あまり厳密に考えず、両方のよび方を適宜併用していきたい。

大日如来の使者

ところで『大日経』は、不動尊という表現の他に、「不動如来使」という言葉も使っている。胎蔵曼荼羅の五大院（持明院《じみょういん》）の説明で、

真言主（大日如来）の下、南西の方角に不動如来使がいる。智恵の刀と羂索を持ち、頂髪は左肩に垂れ、片目をつぶり、怒りの表情で身に猛炎あり、盤石《ばんじゃく》の上に坐っている。額には波のような皺《しわ》があり、童子の姿である。

と記しているのである。これは、『大日経』以前に漢訳された『不空羂索神変真言経』にみえる「不動使者」という言葉に通じるもので、「如来使」の「如来」はもちろん大日如来のことだから、不動は大日如来の使者で、使い走りの従僕にふさわしい童子の姿をしていると考えられる。

このように大日如来の使い走り、召し使いの童子として出発した不動明王だが、前にものべたように、大日如来が衆生救済のため姿をかえた教令輪身だという考え（三二ページ参照）に発展していく。すでに一行の『大日経疏』は、

不動明王は、法身仏《ほっしんぶつ》としての大日如来の衆生救済の大願のゆえに、この世にこうした忿怒の姿を現し、すべての真言行者を護るのである。もし真言行者が、つねに不動明王を心に深く念ずるな

ら、すべての障《さわり》を離れることができる。

と、不動は大日の単なる召し使いではなく、大日如来が衆生救済の大願を果たすため変身したものだと解釈している。そして中国密教を大成した不空《ふくう》（七〇五～七七四）の訳と伝えられる『念誦儀軌』『摂無礙経《しょうむげきょう》』や、空海が自分の先生で不空の弟子の恵果《けいか》（七四六～八〇五）の説を記したという『秘蔵《ひぞう》記《き》』では、大日如来を中心とする金剛界の五仏について、三輪身の考えが出てくる。それをまとめて表にすると、つぎのようになる。

五仏（自性輪身）	**五菩薩**（正法輪身）	**五大明王**（教令輪身）
毘盧遮那（大日）	般若	不動
阿閦《あしゅく》	金剛薩埵《さった》	降三世《ごうざんぜ》
宝生《ほうしょう》	金剛蔵王《ざおう》	軍荼利《ぐんだり》
阿弥陀	金剛利（文殊）	大威徳
不空成就《ふくうじょうじゅ》	金剛牙《げ》	金剛夜叉《やしゃ》

五仏といっても、阿閦以下の四仏は大日如来の無限の徳の一部をそれぞれ分掌した存在である。これら五仏が難化《なんげ》の衆生を導くため、あえて恐ろしい教令輪身の姿を現したのが五大明王だが、ここでも大日如来の直接の教令輪身である不動明王が、その中心的地位を占めるのは当然だろう。

不動明王が、大日如来の単なる使者でなく、大日如来自身の仮りの姿ということになると、造像の面では、童子形とはいえ忿怒相の面が強調されるようになる。またその働きを補佐する従者も必要になってくる。童子形の不動の従者は、当然大人ではおかしいから、矜羯羅《こんがら》・制吒迦《せいたか》という二大童子が考え出される。それぞれのもとになったサンスクリットのキンカラ、チェータカは、どちらも奴隷とか従僕の意味を持ち、もともと夜叉・悪鬼の類だったのを、仏教がとりこんでいったものと思われる。

インド・中国の不動明王

インドにおける不動明王の起源については、ヒンドゥー教のシバ神を仏教にとり入れたものとする説がある。不動のサンスクリット名のアチャラがシバ神の別名の一つと同じだというのが主な根拠だが、不動像の基本形にはシバ神の像だけでは説明できない部分があり、シバ神がそのまま不動明王につながるのではなく、さまざまな仏教的解釈の下に新しく生まれた尊像と考えるべきであろう。

インドの不動明王像は少なく、どのような信仰が行なわれていたのかも、はっきりしない。中国の場合も史料は少なく、曼荼羅の中の不動明王像、また五大明王の一つとしての不動明王像はあるが、不動明王だけを造像し信仰したような例は乏しい。九世紀の中ごろ唐の武宗が行なった「会昌《かいしょう》の破仏」とよばれる仏教弾圧によって、密教が大きな打撃を受け、不動信仰は庶民まで普及せずに終わったのではないかとする説もあるが、詳細は不明である。

ただいえることは、不動明王は、観音や地蔵と同様、インドで生まれ中国を経て日本に伝わったが、その信仰はほとんど日本だけで発達したのであり、この点は観音・地蔵の信仰の場合と異なっている。インド・中国でほとんど普及しなかった不動信仰が、どうして日本で観音や地蔵と並ぶ庶民の守り本尊的地位を得たのか、改めて考えてみなければならない問題である。

以上、インドと中国での三尊の成立と信仰の広まりの過程を通じて、観音が日本にまず伝わって広く信奉され、地蔵と不動の信仰がこれにおくれた理由が理解できたであろう。観音・地蔵・不動の三尊が、わが国で顔をそろえ、それぞれの個性を発揮するようになるのは、王朝文化が花開いた平安時代である。そこで、平安時代になって日本仏教はどう変わったのか、『日本霊異記』が描いた奈良仏教の世界から平安仏教界の動きに目を転じることにしよう。

第三章　王朝貴族の願いに応えて

1　密教と浄土教

密教の伝来

都が奈良から長岡を経て平安京に移るとともに、九世紀の日本仏教は大きく変化した。最澄（七六六～八二二）と空海（七七四～八三五）によって、新しく天台宗と真言宗が伝えられ、ことに空海による純密の伝来を契機として、全仏教界の密教化が進んだ。それが続く浄土教の発生や貴族仏教形成の基盤となったのである。

最澄も空海も、ともに山林修行者の出身である。南都の大寺の戒壇で授ける戒は形式化しており、真の浄戒は山林での修行によって得られると自覚して比叡山に入った最澄は、『法華経』を通じて新しい救済宗教としての天台宗にめぐりあった。大学に入ったが官僚としての立身にあきたらなかった空海は、清浄な山中での雑密の修法を説く一修行者との出会いを契機に、山林修行者の道を選んだ。雑多な修法の背景に統一的宗教体系を求めるかれは、すでに天平年間（七二九～七四九）に伝来していたのに南都の学僧たちが注目しなかった『大日経』の価値を再発見し、壮大な真言密教（純密）の存在に到達したのである。

新しい都の近くの比叡山で修行する最澄の存在は、俗化した南都教団の粛正をめざし、山林修行者こそ真に護国利民をめざす浄行僧だと称讃する桓武《かんむ》天皇の注目するところとなった。新しい鎮護国家仏教としての天台宗を学び伝える目的で、延暦二十三年（八〇四）、最澄は遣唐使に使って入唐《につとう》した。一行の中には、独学では理解できぬ『大日経』の文意の解決を求めて入唐を決意した空海の顔もあった。

予定どおり天台山で天台の法門を伝受した最澄は、明州（寧波《ニンポー》）で帰りの船を待つわずかの間に、周辺の寺々を訪ね、密教の灌頂を受けたり修法を伝受したりして、翌年七月に帰国した。一方、空海は唐の都長安で、不空三蔵の弟子で中国密教の第一人者である恵果《けいか》から、金剛界・胎蔵界両部の灌頂を受けた。真言密教の正統を相承した空海は、最澄より一年おくれて、大同元年（八〇六）に帰国した。

加持祈禱としての密教

最澄が帰国したとき、桓武天皇は重病の床にあり、天皇と貴族たちは、肝心の天台教学よりも、最澄が帰帆の余暇に学んできた密教の修法に関心を示した。最澄は天皇の病気平癒の祈禱を行ない、その労に報いる形で天台宗は年間二名の出家者定員（年分度者《ねんぶんどしや》）を認められたが、条件として一名は天台教学、一名は密教を学ぶことと定められた。日本天台は、朝廷の加持祈禱への関心に支えられて、天台教学と密教の抱き合わせという形で公認され、出発したのである。折から帰国した空海の密教の水準が、最澄のそれに比較してはるかに高く新しいことは明らかだった。最澄は率直にこの点を認め、空海に新しい密教を学ぼうとしたが、天台と真言の教えに優劣なしとする最澄と、真言密教こそ仏の真実の教えとする空海は、立場の相違から疎遠になっていった。

籠山修行を通じて大乗《だいじょう》利他行《りたぎょう》を実践する菩薩僧を育成することで鎮護国家の実現をめざした最澄に対し、空海は、伝統的な護国法会《ほうえ》の内容を密教化していくことで、密教による鎮護国家の実をあげようとした。弘仁十三年（八二二）、最澄は菩薩僧育成のための悲願であった大乗戒壇設立を目前に世を去ったが、空海はその翌年、嵯峨天皇から京都の市中の東寺《とうじ》（教王護国寺《きょうおうごこくじ》）を賜って密教布教の拠点とし、承和元年（八三四）には、生涯の宗教活動の決算として宮中真言院の創設を朝廷に願い出た。その上表文で、空海はつぎのように主張している。

たとえていえば密教以外の教えとは、病理学や薬学の本によって、病気の原因やどの薬が効くかを論ずるようなものだが、密教の陀羅尼の秘法とは、処方箋によって薬を調合し、服用して病を除くようなものだ。病人に向かって、いくら病気や薬について論じてみても、病気をなおすことはできない。病に応じて薬を調合し服用すれば、病を除き命を保つことができる。

ついては従来の年頭の護国法会は、経典を読むばかりで効験を期しがたいから、宮中に真言院を設け、真言陀羅尼を誦する密教の修法を併せて行ないたい、というのである。この願いは認められ、翌年正月から、年頭最大の密教行事である後七日《ごしちにち》の御修法《みずほう》が行なわれることとなった。

もともと密教の修法とは、煩悩を破砕し、入我我入《にゅうががにゅう》・即身成仏の境地を実現するための修行法である。そして行者《ぎょうじゃ》自身がその境地に向上到達しようとする過程での必要上、あるいは行者が人びとをこの境地に導くための方便《ほうべん》として、病気平癒や災難回避など、主に世俗的な目的に修法を応用したのが、いわゆる加持祈禱である。空海の上表文は、密教の修法の意味を、方便として身近な比喩でのべたものだった。しかし天皇や貴族たちの多くは、空海の真意とは別に、「陀羅尼の秘法というは、方《ほう》によって薬を合せ、服食《ふくじき》して病を除くがごとし」という比喩そのままの加持祈禱の次元で修法を理解し、密教を受容した。こうして平安時代の密教は、深遠な神秘主義の哲学としてよりも、さまざまの現世利益をもたらす祈禱宗教として繁栄するのである。

仏教界の密教化

護国法会において修法の効験を強調し、朝廷の保護を得て、教団の発展を図ろうとする場合、天台宗の劣勢は否めなかった。「空海に追いつき追い越す」ことを目標にする天台宗では、円仁《えんにん》についで円珍《えんちん》が入唐し、金剛・胎蔵の両部大法に加えて、空海も伝えなかった第三の大法とされる蘇悉地《そしつじ》法やさまざまの秘法をもたらした。天皇や藤原一門の帰依を得た円仁・円珍によって天台の密教化は進み、東寺を中心とする真言密教（東密《とうみつ》）に対し天台密教（台密《たいみつ》）は遜色ない水準になった。

一方、南都の諸宗でも、空海が東大寺に真言院を置いて以来、密教化が進み、顕密兼修が通例となっていた。いまや密教は、宗派の別なく全仏教界をおおった観があった。天台・真言・南都の仏教は、三大勢力を形成して教勢を競いながら、最後は密教の大潮流に合流した。国家と宗教の関係を論じた宗教史家の黒田俊雄氏が、すべての宗派が顕教の部分では相違対立しながら密教を共通項として統合される「顕密体制《けんみつたいせい》」こそは平安時代の正統的体制であり、九世紀は、そうした体制が成立する「密教による諸宗教の統合の世紀」と位置づけたのも、うなずけるであろう。

摂関体制の形成と信仰の変化

九世紀後半から十世紀、日本の古代国家は大きな変動期を迎えた。藤原北家が勢力を拡大し、外戚関係をてこに天皇の権威を代行する摂関体制が形成されたのである。外戚の座をめぐって、政争・クーデターがあいつぎ、摂関家の縁につらなり富と権力を得るものの一方で、没落貴族も数多く現れる。

この時期は、仏教史では貴族社会における浄土教の発生期とされる。高名な古代史家井上光貞氏は、かつて大著『日本浄土教成立史の研究』で、浄土教発生の理由を、摂関体制形成をめぐる貴族社会の変動に求めた。外戚など私的血縁関係にたよる権力の座の不安定、たえまない政争・陰謀は、貴族たちの間に深刻な宿命観を生む。流転の運命を余儀なくされる人びとは、そこに宿世《すくせ》・無常を自覚し、こうした輪廻の世界から逃れようと願うところに、呪術宗教的仏教の一角が崩れて浄土教が発達したというのである。

しかし、すでにのべたように、この時期は密教が仏教界をおおい、円仁・円珍が摂政藤原良房の庇護を得て天皇護持の秘法を修し活躍するなど、摂関体制の形成と結んで密教修法が発達した時代でもある。摂関の座をめぐる政争の渦中で生ずる変転常なき個人の運命の自覚は、一方で来世《らいせ》欣求《ごんぐ》の浄土信仰の土壌を形成したが、同時に、こうした個人の運命を司るという本命《ほんみよう》星《しよう》など星宿への現世利益の祈り、さらには権力維持のため政敵を調伏《ちようぶく》し、入内《じゆだい》した娘の皇子出産を願うなど、多様な密教修法を貴族社会で発達させた。

要するに九世紀から十世紀にかけて、旧来の律令的秩序が崩れて個人的危機意識が深化し、個人の宗教的救済が志向されるにつれて、従来の鎮護国家仏教は変質し、私的信仰が発生してくる。それは現世の利益を希求するところに、従来の護国法会が変化し貴族の私的願望を満す密教の加持祈禱の発達となり、来世の救済を模索するところに、浄土教の発生をうながす。政権争奪に死力を尽くす上流貴族の信仰において前者が、体制に疎外された没落貴族の信仰において後者が、それぞれ高い比重を占めたとはいえ、この二つは摂関体制形成期を境に顕著となる貴族社会の私的信仰の両側面であり、個々の貴族の信仰においても、現当二世安楽の願いとして、両者が矛盾なく並存している例は数多いのである。

験者の念仏

現世利益的呪術的な加持祈禱中心の密教におおわれた仏教界で、阿弥陀念仏による来世の救済を求める浄土信仰が発生する過程を考える場合、注目されるのは、死霊鎮送を目的とする密教験者《げんじゃ》の念仏である。

古代日本人は、肉体と霊魂の二元観で人間を考え、霊魂は自由に肉体を遊離すると信じた。肉体は滅んでも、霊魂はすぐ他界に赴かず中有《ちゅうう》にさまよい、鎮魂の祭儀を怠るならば、さまざまの災難をもたらす。ことに非業《ひごう》の死をとげた人の霊は、さまよい残って怨念をはらそうとするだろう。その意味で苛烈な政争や陰湿な策謀の犠牲者たちの霊こそ、さまざまの災難をもたらす怨魂（御霊《ごりょう》）として格好の存在である。貞観五年（八六三）、疫病流行に悩んだ朝廷は、政争犠牲者の怨魂を鎮めるため、京都の神泉苑に密教の験者をまねいて御霊会《ごりょうえ》を行ない、民衆にも参観を許した。

民間では、死者は忌むべき存在で、死穢をさけて都市の河原や村境の外の曠野に死体を棄てることさえめずらしくなかったが、御霊会などを介して死霊の恐怖、追善の必要性が、しだいに民衆の間にも浸透しはじめた。だれでも不慮の死に、供養を受けることがなければ、御霊などには及ばぬまでも、遺族などにさまざまの祟《たた》りをするというのである。祖先の霊を供養する盂蘭盆会《うらぼんえ》が畿内の民間で行なわれはじめるのは十世紀ころである。言葉をかえれば、死霊鎮送・祖霊追善の仏教は、このころから民衆の間にも広まったのである。

ところで、こうした怨魂を鎮めて浄土に送る、死霊鎮送の手段として広く用いられたのが、真言陀羅尼と並んで、阿弥陀仏の名を称える称名《しょうみょう》念仏であった。わが国の称名念仏の源は、円仁が唐の五台山から伝えた不断《ふだん》念仏（山の念仏）というが、十世紀末の『三宝絵詞《さんぼうえことば》』は、不断念仏とは身《しん》・口《く》・意《い》の三業《さんごう》の罪咎《つみとが》を滅すものと説明している。この不断念仏にみられるような称名念仏の懺悔滅罪の機能は、念仏者自身の浄土往生よりも、中有に迷う魂を鎮め、浄土へ送る目的で用いられることが多かったのである。醍醐天皇はじめ十世紀当時の葬送儀礼をみると、阿弥陀称名念仏は、真言陀羅尼の死霊鎮送的面と通じるものとして、両者は機能的に未分化のまま併用されている。

称名念仏が、御霊などのさまよい祟りをする恐ろしい死霊を浄土に鎮送する真言陀羅尼的な性格で理解される以上、念仏を称《とな》える僧も、厳しい修行で霊異の力を身につけた験者であればあるほど念仏の利益が大きいと人びとが考えたのは自然である。初期の浄土教で念仏僧といえば、例外なく貴族や民衆が畏敬する験者であった。京都の市中で称名念仏を説き、「市聖《いちのひじり》」「阿弥陀聖」と畏敬された空也《くうや》（九〇三～九七二）も、諸国をめぐって修行の途中、曠野に棄てられた死体をみれば、集めて念仏を称えて火葬し、京都に入って後も、民衆の葬送＝死体委棄の場所だった鴨河原《かものかわら》と鳥辺野《とりべの》を結ぶ地域で念仏布教したらしい。空也自身の念仏観は別として、『空也誄《くうやるい》』など同時代の伝記に描かれた空也は、苦行《くぎょう》と霊異に彩られ、冥界の閻羅王《えんらおう》に手紙を書き送る、類まれな大験者である。

藤原道長と法成寺の仏像

空也の後に現れて、浄土教の発達に大きな役割を果たしたのは、比叡山横川《よかわ》の僧源信《げんしん》（九四二～一〇一七）である。かれは『往生要集』を著し、正しい念仏とは、験者の念仏のような死霊鎮送の称名念仏ではなく、みずからの極楽往生を願う念仏者が阿弥陀仏の姿かたちを心に描くことで阿弥陀仏と一体となる観想《かんそう》念仏だと説いた。称名念仏は観想にたえない場合に限って行なうべきだとされるとともに、読経・造寺造仏・布施・持戒などのさまざまの行《ぎょう》も、観想念仏を助成するものとして位置づけられた。このように観想と諸行《しょぎょう》を二本の柱とする『往生要集』の念仏理論は、美的情緒的な瞑想の世界を好み、富と権力によって功徳の集積が容易な上流貴族たちに支持され、貴族社会の浄土教で正統的な位置を占めた。

「この世をば我が世とぞ思ふ」と詠じた一代の権力者藤原道長は、また『往生要集』の愛読者であり、万寿四年（一〇二七）、法成寺《ほうじょうじ》阿弥陀堂で臨終の時を迎えた。阿弥陀堂とは観想念仏を容易に行なえるよう極楽の荘厳を具象化した堂で、法成寺の場合、金色の丈六《じょうろく》九体阿弥陀像を安置し、来世の浄土を此土《しど》に移したかのようだったという。

しかしこの阿弥陀堂も、巨大な法成寺を構成する一つの堂宇にすぎなかった。池をはさんで阿弥陀堂に対する薬師堂には、一丈六尺の薬師像七体、同じく観音像六体が並んでいた。この七仏薬師は七道諸国（日本全土）の災を除くため、六観音は六道衆生の苦を抜《ばつ》せんがために造られたという。

さらに薬師堂の北の五大堂には、二丈の不動尊を中心に、一丈六尺の降三世《ごうざんぜ》・軍荼利《ぐんだり》・大威徳・金剛夜叉の四大尊が並んでいた。これら五大明王は「家門に怨《うらみ》をなす怨霊《おんりょう》を降さんがため、弟子（道長）臨終の正念《しょうねん》を専《もっぱら》にせんがためなり」とあるように、道長一家に怨をなす政敵などの怨霊を調伏し、ま

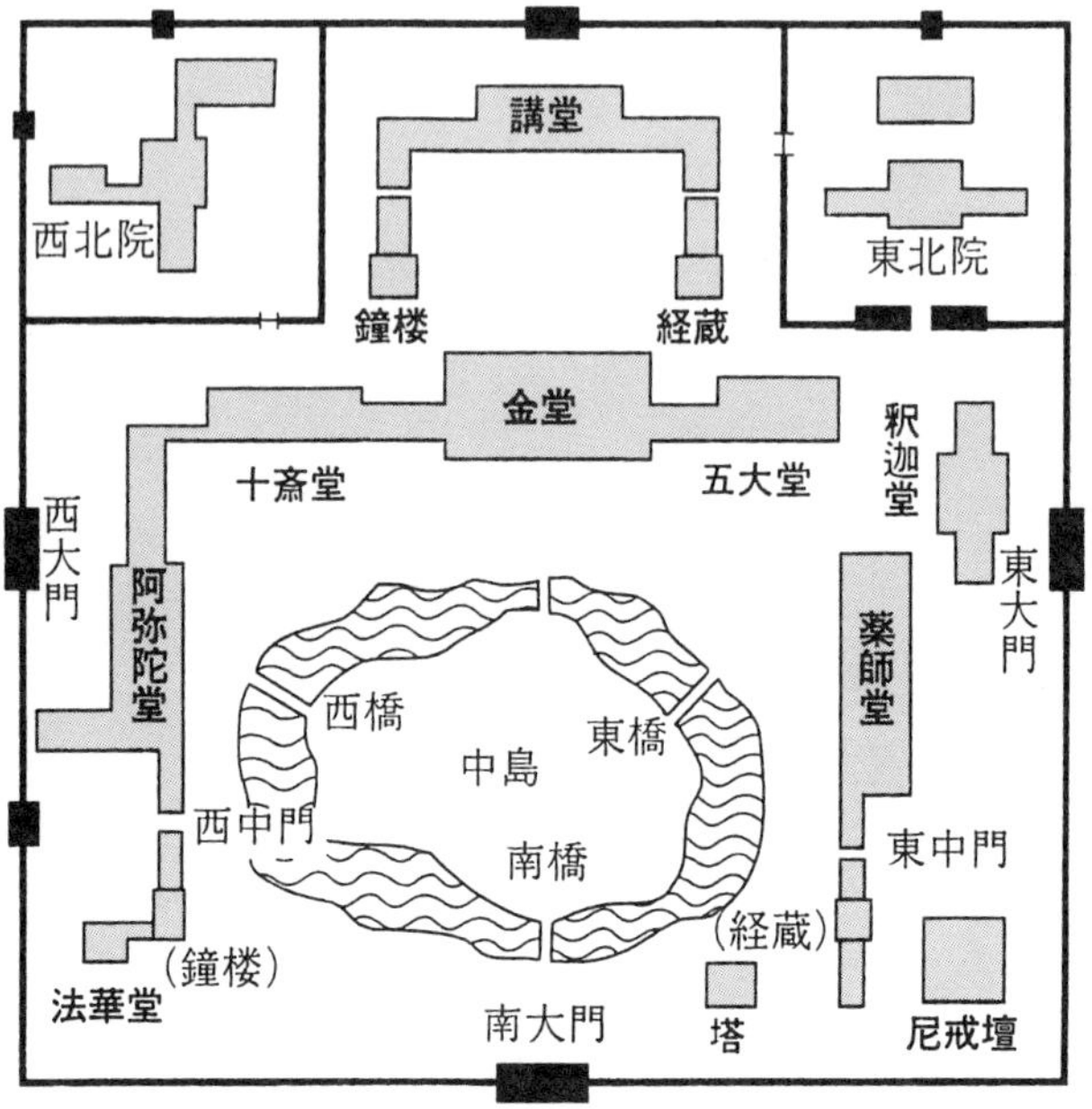

法成寺の配置図

永承5年(1050)ころの主要伽藍配置(清水擴氏復元)。

た道長の臨終の際には、念仏に専念できるよう守護してくれる。道長の日記『御堂関白記《みどうかんぱくき》』には、「現世《げんぜ》と後世《ごぜ》の願い満足なり」という言葉が出てくるが、道長において現世と来世の願いは切り離せぬ一体の関係にあった。不動など五大明王による調伏は単に現世の利益にとどまらず、安らかな来世往生実現の前提でもあった。

そして池の正面、伽藍の中央の金堂には、三丈二尺の巨大な金色の大日如来像が安置されており、現世から来世まで多様な願いをこめた法成寺の仏像群が、一見雑多なようでありながら、密教を柱とする一つの信仰世界を形成していたことを知るのである。そこでは古くからの観音が、六観音という新しい形態をとり、また密教伝来以前にはなかった不動明王が、五大明王の中心となって登場する。

　では、密教が主流を占めた貴族社会の信仰で、観音と不動がそれぞれどのような役割を果たしたのかを、つぎにみることとしよう。

2　六道抜苦の主　六観音の誕生

観音と来世の利益

　藤原道長が法成寺の薬師堂に安置した観音は六体からなり、その造立の目的は六道衆生を苦しみから救う（抜苦《ばっく》）ためであった。六道とは六趣《ろくしゅ》ともいい、われわれ衆生が自ら作った業《ごう》によって生死をくりかえす（輪廻《りんね》）六つの世界、地獄・餓鬼・畜生・修羅・人《にん》・天の各道である。源信は『往生要集』の大文《だいもん》第一（第一章）厭離穢土《おんりえど》で、地獄以下六道それぞれの苦しみを活写し、こうした穢土を厭離して浄土を願うべきことを説き、大文第二欣求浄土では、輪廻の六道世界を離脱することで到達できる仏の真理の世界としての極楽浄土の荘厳をのべた。このように、六道輪廻の苦を脱し、阿弥陀仏の世界に往生しようと願うところに浄土教が発達するのであり、六体の観音に六道抜苦を願うことは、奈良時代以来の現世利益的な観音信仰とは明らかに異なる来世的な信仰といえる。

前にもふれたように（三四ページ）、観音信仰の中心経典である『法華経』普門品（観音経）は、数多い現世利益とともに、観音を念ずる人は六道の中でも特に苦しみ多い地獄・餓鬼・畜生などの悪趣を逃れることができると説いている。『観音経』につぐ古い成立とされる『請《しょう》観音経』にも、観音は五道に遊行《ゆぎょう》し衆生を苦から離脱させると記しており、さらに『無量寿経』『観無量寿経』などの浄土教経典は、観音は阿弥陀の極楽浄土に住む慈悲の大菩薩として阿弥陀の脇侍に擬している。このように観音は、現世だけでなく来世の救済にもすぐれ、いわば現当二世の利益を本来兼ね備えた菩薩である。奈良時代以来、その多様な現世利益の面が人びとの信仰の対象となっていたが、平安時代の中期、十世紀ころになって浄土往生の信仰が発生してくるにつれ、観音の利益のいま一つの面、来世の救済が人びとに注目されはじめたのは当然であろう。

菅原道真の観音信仰

そうした来世的な観音信仰に向かった人物として最初に現れるのは、有名な菅原道真《すがわらのみちざね》（八四五〜九〇三）である。道真の母が世を去るとき、道真は病床によばれ、「お前は幼いころ病にかかり命が危うかったが、私たちが観音像を造って祈願したので、病はなおったのだよ」と、父母から観音への帰依をさとされた。そこで道真は、後に亡父母を追慕し、観音に父母の霊を浄土に導くよう願う法会を設している。ここに現れた父母と道真の観音信仰は、病気平癒と祖霊追善といった奈良時代以来一般的な信仰の枠を出るものではなかった。しかし道真の観音信仰は、文人政治家として摂関体制成立期の政争の渦中にあってしだいに来世的な色彩を帯びていく。

ことに延喜元年（九〇一）、藤原氏によって右大臣から大宰権帥《だざいのごんのそち》に左遷されると、かれの観音への傾倒は、いままでになく激しいものになった。「人は地獄幽冥《ゆうめい》の理《ことわり》に慚《は》づ、我《われ》は天涯放逐《ほうちく》の辜《つみ》に泣く」と詠じたように、道真にとって無実の罪による大宰府左遷こそ生きながらの地獄道の苦しみであり、それを救ってくれるのは、幼時から帰依していた観音しかなかったのであろうか。「鬢《びん》は春の初めの雪に倍《まさ》れり、心は臘《ろう》の後《のち》の灰を添《そ》う（髪は白く、心は冷え冷えと静かだ）。……合掌して観音を念ずらくのみ」「病は衰老を追いて到る、愁いは謫居《たつきよ》を趁《もと》めて来る。この賊《あだ》逃るるに処なし。観音を念ずること一廻」などの沈痛な詩編によれば、左遷後の道真は、その憂憤と老愁を、観音を念ずることによって、わずかになぐさめていたのである。おそらく道真は、壮年期の現世利益的あるいは追善的な観音信仰を経て、不遇な晩年には、念観音による自己の来世的救済を真剣に模索していたのではあるまいか。

源兼明の観音信仰

この道真の信仰をはじめとして、十世紀の貴族社会では観音信仰が急速に高まり、京都の周辺には観音を本尊とする寺院が数多く造られた。もちろん、そうした観音寺院を経済的に支えた貴族たちの信仰には、追善や現世利益の面が多かったと思われるが、当時第一の観音帰依者で、観音を本尊とする施無畏《せむい》寺を官寺に准ずる寺格の定額寺《じょうがくじ》にするよう上奏した源《みなもとのかねあきら》兼明（九一四〜九八七）などは、道真以後の来世的な観音信仰の流れを代表する人物である。

源兼明は、醍醐天皇の皇子として生まれたが、つねに藤原摂関家の圧迫を受けた。兄である源高明《たかあきら》の安和《あんな》の変（九六九年）に連座して昇殿をとどめられ、のち一時政界に復したが、ついに貞元二年（九七七）、藤原氏の讒訴《ざんそ》によって職を免じられ、「中国の伯夷《はくい》は仁《じん》を得たが隠遁して餓死し、悪逆な大盗盗跖《とうせき》は天寿を全うしたという。いま私は、執政者のために、曲げて陥れられた。しかし天皇は暗愚、臣下はへつらうものばかりで、無実を訴えるすべもない」という激烈な摂関体制批判の詩を残して政界を去った。

これに先立ち、天徳二年（九五八）、政争の渦中で書いた「誓願書」で、かれはつぎのように心情を吐露した。

観音は五濁《ごじょく》の世《よ》（堕落した末の世）の衆生の苦悩を代わり受けてくれるという。ああ、もろもろの仏は私をなげうってかえりみず、私を苦悩の海に溺れさせるが、ただ観音だけは、慈悲の眼をもって私をみつめてくれる。朝廷も私をなげうってかえりみず、私の過去の功績をすべて無視するが、ただ観音だけは、手をさしのべ導いてくれる。

摂関体制形成をめぐる政争の渦中で、個人の救済を求める信仰が貴族社会で発達し、ことに体制に疎外された没落貴族たちの信仰が、来世欣求の浄土教に向かったことはすでにのべた。その場合、来世欣求の信仰は、阿弥陀信仰の形だけをとって現れたのではない。むしろ最初は、道真や兼明の例にみられるように、阿弥陀仏よりも古い信仰の歴史を持ち、貴族たちにとってもっとも親しい菩薩であった観音の信仰を通じて現れる場合も多かったのである。こうした来世的な観音信仰の発展として、六観音の信仰が生まれてくる。

天台の六観音

有名な平将門と藤原純友の乱の鎮圧後、天慶《てんぎょう》十年（九四七）、朝廷は乱の戦没者の慰霊大法会を比叡山延暦寺で行なった。その願文では、「十方に遊行《ゆぎょう》し衆生を導く観音の誓は自在である」と称え、六体の観音像を描き、官軍賊軍を問わず六道に迷う戦没者の霊を等しく浄土に導くよう祈った。非業の最期をとげた戦没者の怨霊の祟りへの恐怖による、死霊鎮送の法会だが、このように六体の観音によって六道に迷う人びとの苦を救い、浄土往生を願う信仰を、六観音信仰とよぶのである。

六観音信仰のもとになる思想は、中国の天台大師智顗《ちぎ》（五三八〜五九七）の『摩訶《まか》止観《しかん》』に出てくる。四種三昧《ししゅざんまい》、つまり心を一つの対象に集中し悟りを得るための実践方法である止観行《しかんぎょう》を四つの形式に分類した中の、四番目の非行《ひぎょう》非坐《ひざ》三昧の項で、『請《しょう》観音経』の六字章句《ろくじのしょうく》陀羅尼を引用して、つぎのようにいう。

> 六字章句陀羅尼は煩悩の障《さわ》りを破し、三毒根《さんどくこん》（三種の煩悩、貪欲と怒りと無智）を浄くし、成仏すること疑いない。その六字とは六観世音のことで、六道の三障《さんしょう》（仏道の妨げとなる三つの障害）を破するのである。

ついで、地獄・餓鬼・畜生・修羅・人・天の各道の三障を破砕する観音として、大悲・大慈・師子《しし》無畏《むい》・大光普照《だいこうふしょう》・天人丈夫《てんにんじょうぶ》・大梵深遠《だいぼんしんおん》の六つの名をあげている。いうまでもなく『摩訶止観』は、天台宗では古くから重んじられていたが、六観音の信仰についてははじめほとんど問題にされなかった。それが十世紀になり、六道輪廻や地獄の恐怖が盛んに説かれ、浄土信仰が起こるとともに、六道抜苦の六観音信仰は、天台教団から貴族社会へと急速に広まった。

天台の六観音信仰は、現存する史料によれば、延喜十年（九一〇）、天台座主相応《ざすそうおう》（八三一～九一八）が六道衆生を極楽に引摂《いんじょう》しようと、阿弥陀像と六体の観音像を造ったのにはじまり、やがて前述の将門・純友の乱の慰霊法会などを通じて貴族社会にも広まった。源兼明の奏状によると、天暦三年（九四九）に没した醍醐天皇更衣《こうい》藤原淑姫《よしひめ》の観音寺（施無畏寺《せむいじ》）には、六観音像が安置されており、大江朝綱《あさつな》によると、同八年に供養された法性寺《ほっしょうじ》も、六道衆生抜苦のため、大悲以下の六観音を造像したという。あるいは藤原兼家が、源信の師である良源と建てた延暦寺恵心院《えしん》にも、金色六観音像があったと伝えられる。

真言の六観音

こうした六道抜苦の六観音信仰が、もっとも華やかな姿で現れたものこそ、初めにふれた藤原道長による法成寺薬師堂の六観音造像供養である。治安三年（一〇二三）、七仏薬師・日光・月光《がっこう》・六観音、計十五体の丈六金色像が堂に安置され、その荘厳なさまは、「ことごとく十方の浄土を移す」と称えられたほどであった。それは彼岸の浄土を現世に再現し、功徳の集積の数量を競う、観想と諸行を二本の柱とした上流貴族の信仰の一典型といえる。そしてまた、この時の願文に「七道諸国の除災のために七仏医王（七仏薬師）を顕《あらわ》し、六道衆生の抜苦のために六観音像を造る」と記すように、いまや観音が六道抜苦の菩薩として、現世利益の薬師と対置されるまでに来世信仰化したことを知るのである。

ところで、のちに新義真言宗の学僧頼瑜《らいゆ》（一二二六〜一三〇四）が、その著『秘鈔問答《ひしょうもんどう》』に記すところによると、祈雨などの験力で知られる小野僧正仁海《にんがい》が、このとき道真の下問に答えて六観音像についての注進文を書き、

大慈観音は、正観音の変で、地獄道を救う。大悲観音は、千手の変で、餓鬼道を救う。師子無畏観音は、馬頭の変で、畜生道を救う。大光普照観音は、十一面の変で、阿修羅道を救う。天人丈夫観音は、准胝母《じゅんでいも》の変で、人道を救う。大梵深遠観音は、如意輪の変で、天道を救う。

といった内容をのべたという。大慈などの天台六観音に対し、仁海があげた正・千手・馬頭・十一面・准胝・如意輪は、一般に真言六観音とよばれる。仁海がこのような説をのべたことは、一〇七〇年ころに書かれた良祐《りょうゆう》の『三昧流口伝集《ざんまいりゅうくでんしゅう》』にもみえるから、事実と考えてよいだろう。要するに仁海の主張は、従来天台宗で説かれていた『摩訶止観』による大慈以下の六観音とは、実は真言密教の正・千手など六体の観音が、それぞれに変化《へんげ》したものだというのである。それは言葉をかえると、真

言六観音が天台六観音の本地で、六道の苦を救い衆生を浄土へ導く利益は、本来密教の六体の観音が持っている利益だということになるだろう。

十三世紀に現れた天台教学の大家宝地房《ほうちぼう》証真《しょうしん》は、仁海の主張は教義上なんの根拠もなく、真言宗が勝手に天台の六観音に密教の観音を結びつけたものだと批判しているが、こうした真言六観音の成立も、やはり現世利益信仰から来世信仰へという観音信仰の変質を背景に理解すべきだろう。もともと真言宗の観音信仰は、現世利益を主とするものだったが、十世紀になって浄土教が貴族社会に広まると、現世利益だけでは貴族たちの欲求を完全に満たすことができず、なんらかの来世信仰としての性格を加える必要が生じてくる。すでに十世紀中ごろの真言宗では、密教の観音にも六道抜苦の利益があると考えられていたようだが、もっとも有効な方法は、六道抜苦の菩薩として当時の貴族社会に広まっていた天台宗の六観音に、それらの密教の観音を結びつけ、天台止観の六観音は真言密教の観音が変化したものにすぎないと主張することだったろう。

いずれにせよ真言六観音が成立し、密教の変化観音にも六道衆生を浄土に導く利益があるということになると、貴族たちにとってあまりなじみのない名前の止観の六観音よりも、古くから親しみのある密教の観音の組み合わせのほうが受け入れられやすい。すでに十一世紀初めの『枕草子』に「仏は、如意輪、千手、すべて六観音」とあるが、十二世紀以後は、六観音といえば密教の六体の観音をさすようになった。天台宗でも、真言宗の六観音に対抗して、台密の立場から、聖・千手・馬頭・十一面・不空羂索・如意輪という、真言六観音のうち准胝を不空羂索に変えた、密教の六観音を新しく説くようになった。

観音霊場参詣の発達

こうして現当二世の利益を兼ね備える菩薩となった観音への人びとの帰依の高まりは、観音霊場《れいじよう》参詣の風潮を生んだ。

奈良時代から平安初期には、律令国家や貴族が仏・菩薩の利益を求める場合、造像・写経・読経などを行なうのが一般的で、特定の寺院や特定の仏像に特別の霊験《れいげん》があるとして参詣するようなことはなかった。護国経典を読むような場合も、中央の諸大寺や地方の国分寺で一律に行なわれるのが普通だった。

ところが九世紀の中ごろから、国分寺制の衰退、山林仏教の発達などを背景に、旧来の寺の格式とは別に、建立の由来や本尊や立地条件などから特に霊験ありとされる寺、すなわち「霊験寺院」とか「霊場」とよばれる寺院の比重が、国家仏教の中でも大きなものになってくる。こうした霊験寺院の代表は、後に観音霊場として知られる長谷《はせ》寺と壺坂《つぼさか》寺である。両寺は「元来霊験の蘭若《らんにや》（寺院）なり」として、承和十四年（八四七）には、准官寺である定額《じようがく》寺とされた、九世紀の末には、三善清行《みよしきよゆき》が奏状で、「大和国の霊験山寺としては、長谷・壺坂の両精舎があり、十一面観音を本尊とする子嶋《こしま》寺も、霊験において両寺に次ぐものである」とのべているが、これら諸寺の「霊験」とは、『三代実録』に

「大和国長谷山寺は、霊像ことに験あり、遠近の人々が仰ぎ慕う」、『宇津保《うつぼ》物語』に「長谷の大悲者（観音）は、人の願いを満してくださる」とあるように、具体的には本尊観音像の霊験であった。すなわち観音霊場に対する信仰とは、経典などが説く観音の霊験一般に対する信仰ではなく、特定の寺院の本尊が有する特別の霊験に対する信仰である。

寺院側の本尊霊験の強調は、当初は律令国家の護国的な要請に応え、国家の経済的庇護を得ようとするものだった。『延喜式』をみると、十世紀初め当時、国家から公出挙稲《くすいことう》の利息を与えられている諸寺が列記されている。そこでは大寺や国分寺を除く、いわゆる霊験寺院の中に、豊山寺《ぶざんじ》（長谷寺）・壺坂寺・子嶋寺・粉河《こかわ》寺・松尾寺・巻尾《まきのお》（槇尾）寺観音堂・越前神宮寺観音堂など、観音を本尊とする寺院の多いことが目を引く。しかし、摂関体制の成立、律令国家の衰退は、国家の経済的庇護をしだいに有名無実化し、これに反比例するように、十世紀末ころから、京畿周辺の観音霊場への貴族やその子女の参詣が増加してくる。寺院側は、律令国家に代わる経済的庇護者として貴族階級の参詣に期待し、貴族たちに向けて本尊観音の霊験を宣伝するようになったのである。

摂関期の貴族たちが好んで参詣した観音寺院は、京周辺では石山《いしやま》・清水《きよみず》、やや離れて長谷・粉河などで、これらはすでに国家的祈禱の霊場として知られた観音寺院である。律令制下では、国家の繁栄が律令官僚である貴族階級の繁栄であり、朝廷が霊験寺院に使を派遣し鎮護国家・聖体安穏《せいたいあんのん》などを祈禱する以外に、貴族が独自に参詣し祈る意味はさしてなかった。しかし摂関体制形成にともない律令官僚制が崩れ、たえざる政争と没落の不安の下で、権門との私的関係により地位を保たなければならなくなったとき、みずから霊験ある寺院に参詣し、自分や一族の安泰、子孫の繁栄を祈らざるを得ない。その際、貴族たちが、前代に鎮護国家・聖体安穏に験ありとされていた霊験寺院を、まず参詣の対象としたのは自然だろう。

霊験寺院が、国家的祈禱の霊場から貴族参詣の霊場へと変化したことは、信仰史の流れにおいてみるとき、大きな意味を持つ。霊場をおとずれる人は、だれでも国家や共同体単位で行なわれる祭儀・法会に拘束されず、個人として霊場の霊威にふれ、願いごとをすることができる。換言すれば、人間が社会生活における個人としての生き方を強く意識するようになって、霊場参詣は確立するのである。その意味において摂関期の貴族の霊場参詣は、自分や一族の現世の利益を願う私的な修法や、自分の来世の救済を願う浄土教など、この時代の私的信仰の発達と軌を一にする現象といえるであろう。

貴族の観音詣で

前にあげた石山・清水・長谷・粉河などの観音霊場への参詣は、貴族自身よりもその子女たちの場合が、物語や日記に生き生きと描かれている。石山寺は、十世紀の末から貴族階級の参詣が盛んになり、藤原道長や藤原実資《さねすけ》など上流貴族の日記に参詣記事がくりかえし出てくるが、京都に近いので、女性の参詣も多かった。右大将道綱《みちつな》の母は、夫の兼家《かねいえ》に愛人ができたことを、「明くればいひ、暮るれば歎きて、さらばいと暑きほどなりとも、げにいひてのみやと思ひ立ちて」、天禄元年（九七〇）

七月、石山参籠を決意する。

石山寺についた道綱の母は、まず浴屋で身を休めたが、旅の疲れに、寝返りを打ちながら、ただ涙がこぼれるばかりである。やがて夜となり、入浴して身を清め、御堂《みどう》にのぼった。兼家が通ってくれなくなった身の上を観音に訴えるのだが、涙にむせんで言葉にならぬ。翌日の夜も、また御堂にのぼった。泣きながら観音に祈り訴え、疲れのあまりあかつきがた、とろとろとまどろんで夢をみた。石山寺の別当らしい僧が、銚子に水を入れてきて右膝にかけたと思ったら、はっと目がさめた。仏がみせてくれた夢かと思えば、あわれに悲しく、夜あけとともに御堂をおりて帰途についた。銚子や水は性的象徴で、三十五歳の彼女の抑圧された願望の昇華を示すのであろうか。閉鎖的な貴族社会に生きる女性が、その物狂おしい悲哀を、女人救済的イメージの観音に訴えなぐさめようとする姿として、『かげろふ日記』の中でも印象深い場面である。

また『和泉式部日記』によれば、「つれ〴〵のわりなく覚ゆる」ゆえに帥宮《そちのみや》と情事を重ねた和泉式部は、「つれ〴〵もなぐさめむと」石山に参籠したし、菅原孝標《たかすえ》の女《むすめ》も、「わが身もみ倉の山に積み余るばかりにて、後の世までのことを思はむと思ひはげみて」石山に参詣したと『更級日記』に記している。『源氏物語』「真木柱《まきばしら》」に「石山の仏をも、弁のおもとをも、並べていただかまほしう思へど、……心浅き人のためにぞ寺の験もあらはれける」と記し、同じく「関屋《せきや》」で、「石山に御願はたしにまうで」た源氏が空蟬《うつせみ》と再会したり、『浜松中納言物語』で、中納言と左大将の大姫が石山で会う構成になっているのをみても、石山寺が摂関貴族社会でもっとも代表的な観音霊場とされ、その明媚な風光とあいまって、多くの参詣者を集めていたことを知るのである。

坂上田村麻呂ゆかりの観音像を安置する清水寺は、京都市内という地理的利点から、貴族の参詣が盛んであった。藤原忠平・道長・頼通《よりみち》・師通《もろみち》らは、たびたび参詣し、藤原実資も深く帰依して子供に参籠させた。長谷・石山・鞍馬などの参詣は、途中で襲われたりしたらどうしようと恐れて、娘に「いみじかりし古代の人」とよばれた『更級日記』作者の母でさえ、「わづかに清水にゐて籠」ったという。

十一面観音像を安置する長谷寺は、早くから「大和国の霊験山寺」「霊像ことに験あり」などの名声を得ていたが、京都から離れているため、貴族の参詣はかなり困難であった。貴族の日記をみると、石山寺の場合は、京を発って夕方には寺に着き、参籠して翌日帰京しているのが一般的だが、たとえば正暦四年（九九三）の藤原行成の長谷参詣は、往復五日間を費している。まして女性の足での参詣は大変で、『源氏物語』は玉鬘《たまかずら》の長谷詣について、長い道のりを歩いて、やっとたどりついたときには、手足も動かず生きた心地もしないほどだった、と描いている。道綱の母も『かげろふ日記』で、雨夜の長谷寺への道は冥路のように気味悪く、御堂に参籠しても、恐ろしさのあまり「なにごとも申さであけぬ」と記している。

こうした路次の困難を押しても貴族たちが長谷に参詣したのは、寺が強調宣伝する、唐や新羅にも知られているという本尊十一面観音の霊験への期待であった。『源氏物語』で玉鬘が苦難の参詣をあえて行なったのは、「初瀬なむ、日の本のうちに、あらたなるしるしあらはし給ふと、唐土にだに聞えあなり」との豊後介《ぶんごのすけ》の勧めがあったためである。永承七年（一〇五二）、長谷寺は火災で焼失し、貴族たちは、「長谷寺は霊験所の第一だ。末法の最初の年に、このようなことが起こるとは、恐ろしいことだ」と歎いたが、本尊観音の十一面のうち三面が奇跡的に焼失をまぬがれたことがわかると、「末法の世に希有のことだ」と、焼失の後の遠近の人びとの参詣は、かえって増加したという。

このように京畿周辺の観音霊場に参詣した人びとが、本尊観音の霊験に期待したものは、具体的には何であったろうか。『源氏物語』の玉鬘の長谷詣で、下女《しもおんな》の三条《さんじょう》が、「大悲観世音、他には何も申しません。ただ姫君（玉鬘）を大宰の大弐《だいに》の北の方に、それがだめならこの国の受領《ずりょう》の北の方にして下さい。この三条らも、それで幸せになり、観音様にお礼をします」と額に手をあてて念じ入り、道綱の母も『かげろふ日記』で、盲目の参詣者が、人が聞くとも知らず願い訴える光景を記しているのをはじめ、参詣した貴族の日記などをみても、福寿や除病あるいは安産など現世利益が主として願われている。また『今昔物語集』巻十六には、長谷・石山・清水・粉河など諸寺の縁起によったと思われる説話が多数収められているが、ここでも寺院側が好んで主張し、当時の人びとが期待した霊験の内容は、除病得富といった現世利益中心であったことが知られるのである。

しかし当時の観音霊場参詣が、現世利益の希求だけだったわけではない。すでにふれたように道綱の母や和泉式部は、貴族社会に生きる女性の懊悩の解決を求めて石山・長谷に参籠したのであるし、『更級日記』の作者の石山参籠は、現世の豊かさにつけても後世の救いを求めるものであった。また清水寺に参詣した藤原道長は、「輪廻の世世《よよ》、煩悩をまとう。いま大悲を仰ぐ、あに愁あらんや」と六道輪廻の解脱を願う詩を『本朝麗藻《ほんちょうれいそう》』に残している。これらは、六観音信仰などこの時代の観音の来世信仰的側面と通じるものである。貴族階級を中心とする摂関期の観音霊場参詣は、除病・延命・得富など現世利益の希求に、六道輪廻解脱など来世の願いも加わり、本尊観音が、現当二世にわたる願いを満たす菩薩として広く尊崇されていたことがうかがえるのである。

3　調伏の明王　不動尊と五大明王

不動明王の伝来

藤原道長の法成寺では、六道衆生抜苦のための六観音の一方で、「家門に怨をなす怨霊を降さんがため、弟子臨終の正念を専にせんがため」に、二丈の不動尊を中心として一丈六尺の降三世《ごうざんぜ》・軍荼利《ぐんだり》・大威徳・金剛夜叉の四大尊、いわゆる五大明王が並んでいた。奈良時代には、観音の造像と信仰が盛んであったのに対して、不動明王像が全く現れていないことはすでにのべた。では不動明王の信仰は、いつごろ伝来し、摂関期には、どうして観音と肩を並べるまでに貴族たちに尊崇されたのであろうか。

第二章でふれた、大日如来の使者から、大日如来が衆生救済のため姿を変えた教令輪身へという不動明王の発展過程で考えても当然のことだが、その伝来は、真言密教の導入と不可分の形で空海によってなされた。

高野山南院には、高さ三尺二寸の木造不動明王立像がある。『高野春秋《こうやしゅんじゅう》』などの寺伝によれば、入唐した空海が長安で恵果《けいか》から木材を与えられて彫刻し、恵果に開眼加持してもらった像である。帰国の途中、風雨に遭った際、この像に祈願したところ、不動明王は剣を振って波を切る形を示して波は静まり、無事帰国できたので、波切《なみきり》不動とよぶという。以後も霊験あらたかで、東国で平将門の乱が起こったときは、尾張に移って祈禱し、乱平定の後、その宝剣を熱田神宮に残して高野山にもどった。蒙古襲来の弘安の役では、西国の筑前鹿島に移って祈禱し、蒙古軍が退いた後、火焔形をその地にとどめて高野山にもどった。

これらの伝承とは別に、空海がわが国の不動信仰のはじまりと深く関係していることは、東寺講堂の不動明王など五大明王像から明らかである。弘仁十四年（八二三）、嵯峨天皇は、藤原良房を勅使として王城鎮護の道場である東寺を空海に与えた。喜んだ空海は、唐から伝えた経典・仏像・曼荼羅・法具などを東寺に移し、教王護国寺と改称し、密教専修の寺にした。伽藍の中心の講堂の仏像の配置は、いわゆる三輪身の考え（五四ページ参照）によった。中央には大日如来を中心とする五仏（自性輪身）、その東方には五菩薩（正法輪身）、西方には五大明王（教令輪身）を配置する。五大明王の中でも不動明王は丈六の坐像で高い台座の上に結跏趺坐《けっかふざ》し、他の四大明王は等身大で不動明王に侍立する形である。五大明王といっても、大日如来の直接の教令輪身である不動明王が主尊の地位を占めていることは、だれの目にも明らかだろう。講堂諸仏像の完成は空海没後だが、その構成・配置は空海の設計のままである。新しい真言密教による鎮護国家の道場の仏像群、なかんずく忿怒の明王たちを率いる不動明王は、仏法を擁護し、悪を退治し、国家に平安をもたらす力の権化《ごんげ》として、貴族たちに強烈な印象を与えたと思われる。

真言宗では、このように空海によって不動信仰の基盤が確立されたが、天台宗でも、「空海に追いつき追い越す」ことをめざす密教化の過程で、不動法を積極的に導入した。円珍は、伝えられるところによれば、籠山修行六年目の承和五年（八三八）、金色の不動明王が現れ「今後はお前を擁護しよう」と告げたので、その姿を画工に描かせた。園城寺の黄不動像が、その絵だという。後に唐の商船に乗って入唐の際、北風で台湾に漂着した。そこで円珍が不動明王を念じたところ、金色の人が舳《へさき》に現れ、東南の風が起こって無事航海することができたと『智証大師伝』は記している。黄不動像の成立は、美術史家の間で九世紀末と考えられているから、これらの伝承がそのまま事実とはいえないだろうが、円珍が熱心な不動信仰者であったことは疑いない。

また円仁の弟子相応《そうおう》（八三一～九一八）も不動法を得意とした。かれの不動法は円仁から授けられたものというが、住房には仏師仁算に造らせた不動明王像が本尊として安置され、女御《にょご》多賀幾子《たかきこ》や染殿《そめどの》皇后明子《あきらけいこ》の病の際は不動法を修した。不動を本尊とする住房は今日の無動寺に発展するが、相応は千日回峰行《かいほうぎょう》の始祖として知られるように修験の道に励み、葛川《かつらかわ》の滝で生身の不動明王を感得し、これが葛川明王院の本尊になったという。

護国の修法から貴族の私的修法へ

空海が鎮護国家の真言道場東寺の講堂に、教令輪身としての不動を安置したことにもうかがえるように、不動法は護国の修法として出発した。将門の乱の際の波切不動の話はおくとしても、天慶四年（九四一）、猖獗《しょうけつ》する海賊を調伏するため、天台宗の延昌《えんしょう》は不動法、義海は大威徳法を修したというし、天徳四年（九六〇）に天変が現れた際も、これを消除するため不動法を修した。しかし反乱鎮圧や天変消除の護国の修法として、東密がもっとも効験を強調したのは太元帥法《たいげんのほう》であり、台密の場合は熾盛《しじょうこうほう》光法であった。これら国家的祈禱（大法《たいほう》）は、大壇・護摩壇・十二天壇・聖天《しょうてん》壇の四つの壇を連《つら》ね、大法立てとか四壇立てとよばれる大規模なものである。勅命によって行なわれる公的修法だから、貴族などが私に修することは禁じられている。藤原道長の政敵藤原伊周《これちか》が秘かに太元帥法を修したとの密告で左遷されたのは有名な話である。

これに対して不動法は、護摩一壇で修すのが普通で、大法立てで修される場合はほとんどない。護国的修法としては、どうしても太元帥法や熾盛光法など盛大な大法立ての諸法の陰に隠れてしまうが、逆にそれが、護国修法の枠を越えて上流貴族の私的な修法として受け入れられやすかったともいえる。ことにその利益が安産除病など息災増益を中心として調伏にも通じることは、不動法を摂関体制形成期の貴族の欲求にもっともよく応え得る修法としたのである。

延喜三年（九〇三）、藤原基経の娘穏子《やすこ》（五条女御）は、東五条殿で醍醐天皇皇子保明親王を出産した。産月の穏子は、しばしば邪気に悩まされたので、兄の左大臣藤原時平が、前述の台密験者相応を召して不動法を修させ、その験力で皇子が誕生したという。また台密の尊意《そんい》も不動法を得意としたが、延長元年（九二三）、朱雀《すざく》天皇誕生の際に不動法を修して験あり、同四年の村上天皇誕生の際も、「能生所生みなもって安隠、明王の本誓なんの疑いあらんや」と称して不動法を修したと伝えられるように、その不動法の効験の中心は安産祈禱であった。

娘を入内《じゅだい》させている上流貴族の場合、もし皇子が誕生すれば外戚として権力を振う素地ができるが、医学が未発達な当時、出産にともなう生命の危険は大きく、出産の際の期待と不安は非常なものだった。そこに秘法を修して加持祈禱し霊験を現す験者の活動の舞台があり、その際、安産の利益を説く不動法は、上流貴族たちの期待を集めたのである。

安産祈禱と調伏法

穏子の出産について、十一世紀初頭に編纂された『政事要略』は、興味あるエピソードを紹介している。難産なので、その理由を占ったところ、厭魅《えんみ》（まじない呪う）するものがいるためとわかり、さがし求めたところ、はたして東五条殿の板敷の下で白頭の嫗《おうな》（老女）が折れた梓弓《あずさゆみ》に歯を立てて呪っていた。嫗を引きずり出すと同時に、皇子が無事誕生したという。嫗の背後関係について『政事要略』は明記しないが、そこに穏子の兄時平の政敵の影を想像することは容易であろう。外戚の座をかけた皇子誕生などに際し、政敵の奇怪な厭魅呪詛が横行し、それだけに安産に調伏も兼ねる不動法の役割は大きかったのである。

ところで政争の敗北者の怨魂が御霊と化して広く世人をおびやかしたことはすでにのべたが、十世紀初頭の菅原道真を最後として、そうした御霊の例はなくなった。それは藤原北家の覇権が確立した結果、政権の座が氏族間の抗争やクーデターで決せられることは絶え、体制内の藤原一門の限られた人びとの間で、娘の入内・皇子出産によって移動するようになったためであろう。おのずと政争の性格は、陰湿な骨肉の暗闘となり、失意の怨霊の報復も、御霊として広く世人に疫病などの災禍をもたらすよりも、「物怪《もののけ》」と化して対立者とその縁者にとりつき、末永く苦しめるようになった。

肉体的にも精神的にも、暗く不健康な生活を送る摂関期の貴族の周囲には、たえず物怪の影がただよっていたが、権力者に病苦不幸をもたらす物怪を、敗者の怨霊の所為と説明するのが、当時としてはもっとも説得的だった。それだけに、ひとたび怨霊にとりつかれた上流貴族の恐怖はたとえようもなく、験者の行なう調伏の修法に大きな期待がよせられたのである。

摂関時代の密教験者による安産祈禱・物怪調伏のありさまを生き生きと描いているのは、なんといっても『紫式部日記』の彰子《あきらこ》の出産場面であろう。

寛弘五年（一〇〇八）七月、藤原道長の長女で一条天皇中宮の彰子が出産のため里下りしている土御門殿《つちみかどどの》は、庭の草木も空の色も、はるかに聞える安産祈禱の不断の読経や遣水《やりみず》の音も、すべての風物が渾然として、王朝貴族が嘆美してやまぬ「もののあはれ」の初秋の情趣をかもし出している。しかしその邸内に目を転ずれば、おどろおどろしい物怪調伏の光景がくり広げられる。彰子の寝所はじめ邸内には、不動・大威徳・降三世・軍荼利・金剛夜叉の五大明王像が安置され、その前では明々と護摩をたいて、名ある僧正・僧都たちが交代で安産の祈禱をしている。

九月に入り出産の日が迫ると、彰子にとりつき安産を妨げる物怪どもを、祈禱してひとつひとつ憑《より》坐《まし》になった官女たちに仮りに乗り移らせる。彰子が伏す御帳《みちょう》の東面《ひがしおもて》には、内裏から彰子について来た女官たちが集い、西面では、憑坐を屛風で囲い閉じこめ、山々寺々から集めてきたという験者たちが憑坐を一人ずつ受け持って調伏する。南面では、やんごとなき僧正・僧都たちが、生身の不動明王を呼び出さんばかりに、声もかれよと読経している。そして北の障子と御帳の間の狭い場所には、あふれんばかりにつめかけた人びとが、なりゆきいかにと、かたずをのんで見守っている。かれらの今後の運不運は、ここで皇子が無事誕生するか否かにかかっているのである。

ようよう皇子が誕生し、後産のころになると、物怪どもの、ねたみののしる声は不気味に恐ろしく、験者の中には物怪に引き倒され、応援の験者が加わるさわぎも起こる。「阿闍梨の験のうすきにあらず。物怪のいみじうこはきなりけり」と、紫式部は、この異常な光景を記している。

五壇法

彰子の出産を妨げる物怪調伏には、不動明王だけを本尊とする不動法ではなく、不動明王を中心に五大明王を本尊とする五壇法が行なわれた。五壇法を貴族社会に広めたのは、摂関家と提携し、叡山中興の祖とされる良源《りようげん》（九一二〜九八五）である。

もともと良源は不動法を得意としていたが、康保四年（九六七）、冷泉《れいぜい》天皇の狂気を療すため、台密の験者をすぐって、五大明王それぞれに壇を設けて修す五壇法を行ない、みずからは中壇（不動）をつとめた。天元四年（九八一）にも、やはり自分が中壇をつとめる五壇法を修して円融天皇の病気をなおし、名声を博した。こうして、古くからの不動法が衰えたわけではないが、「(不動法は）御修法一壇、はなはだ無力」という理由で、より強力な物怪調伏の修法を求める上流貴族の欲求と結びついた五壇法が、流行するようになった。

台密の事相を集成した『四十帖決《しじゆうちようけつ》』や『阿娑縛抄《あさばしよう》』には、「調伏法は、多く五大尊の法によりてこれを修す。多分に余の仏菩薩等の法によるを聞かず」とか、「五壇法のときは、降伏にこれを修す」と記されている。もちろん五壇法が息災の目的で修された例がないわけではないが、五壇法といえば調伏（降伏）法が連想されるようになった。それは台密に限らず、東密でも同様である。

藤原道長は、娘の妍子《よしこ》が三条天皇の中宮なのに、三条天皇とそりが合わず、ことごとに対立した。

三条天皇は眼が不自由だったが、その原因は、かつて北家の藤原師輔と外戚の座を争って敗れた南家の元方《もとかた》の怨霊とうわさされた。長和四年（一〇一五）、病状が進んだ三条天皇は、五大明王の像を造って五壇法を行なうよう道長に命じたが、道長は「深く思うところあるに似」て、天皇の命令を無視し、調伏の五壇法を行なわなかった。伝え聞いた藤原実資《さねすけ》は、道長の態度に憤慨し、「不善のことなり」と、『小右記』に記している。後に雨僧正として験力をうたわれた東密の仁海《にんがい》が召されて、天皇の眼疾は怨霊の祟りかどうか占うことになった。仁海は道真におもねることなく、「病いは祟りなど宿報《すくほう》によるものではないから、薬でなおる」との筮文《ぜいもん》を奉った。道長は案に相違したらしく、すこぶる不快の表情になり、「はなはだ悪く勘《み》たり」ともらしたという。眼疾は怨霊の祟りと信じた天皇にとって、五壇法が唯一の頼りであったことを示すとともに、「怨霊の祟り」のうわさが、きわめて政治的に利用されていた一面もうかがうことができるのである。

道長と怨霊

怨霊の祟りを否定する易筮《えきぜい》を得た三条天皇も、結局は道長の強要に屈して翌年退位し、寛仁元年（一〇一七）、悲憤のうちに四十二歳で世を去った。代わって娘彰子《あきらこ》の生んだ後一条天皇を即位させた道長は、「望月の欠けたることもなし」と、まさに得意の絶頂にあったが、今度は彼の足下に、不気味な物怪の影がしのびよってきた。

これより先、長和四年（一〇一五）、道長の子の頼通が病気になった際、五壇法を修して霊気を人に移し調伏したところ、藤原伊周《これちか》の霊が現れたというが、寛仁二年（一〇一八）には道長自身が重病となり、貴族たちの間では、とりついた邪気は名をいわぬが藤原道兼の霊に似ているとか、三条天皇の霊だろうとか、さまざまうわさされた。伊周は、かつて道長最大の政敵で、太元帥法を修したとの密告により大宰権帥に左遷された人物である。道兼は道長の兄で、世に「七日関白」とよばれたように、せっかく関白の地位についたのに急病で死んだ不運の人である。道長が権力の座についたのは、いわば道兼の急死のおかげだが、道長の娘威子《たけこ》が入内したとき、道兼の忘れ形見は威子の侍女にされたというから、かかる運命の転変を道兼の霊は無念に思い、道長をうらんでいると貴族たちは考えたのである。三条天皇の霊が道長をうらんでいる理由は、改めて説明するまでもない。

道長にとりついた霊の調伏も、不動法一壇では無力ということで、五大明王の五壇法が修されることになり、東密の仁海、台密の心誉らが召された。かつて三条天皇の一件で道長の不興をかった仁海が、今度は道長にとりついた三条天皇の霊を調伏するとは、皮肉な話である。道長は「重く悩み苦しみたまい、声はなはだ高く叫ぶがごとし」というありさまだったが、仁海・心誉はじめ多くの験者が力を尽くして加持し、霊気を憑坐《よりまし》に移したので、ようやく平復したという。

しかし道長一家をもっとも苦しめたのは、道長のいとこの左大臣藤原顕光《あきみつ》（九四四〜一〇二一）とその娘延子《のぶこ》（?〜一〇一九）の怨霊であった。延子は三条天皇の皇子敦明《あつあきら》親王の女御《にょご》だったが、道長は彼女の存在を無視して、自分の娘の寛子《ひろこ》を親王にめあわさせた。式の日が近づくにつれ、道長にないがしろにされながら保身に汲々としている顕光の卑屈な態度は、貴族たちの侮蔑の的となった。七十四歳の顕光は逆上し、延子の髪を切り、御幣をささげて呪詛するという狂態を演じたという。夫を奪われた延子は悲歎のうちに没し、顕光も娘の後を追って、ともに悪霊と化した。

道長が一家に三后を立てた日、「この世をば我が世とぞ思ふ」と詠じたように、その比類なき権力の座を支えたのは、娘を介しての天皇家との外戚関係であった。ところが顕光と延子の怨霊は、その娘たちにつぎつぎととりついた。万寿二年（一〇二五）七月、病みおとろえた寛子が髪をおろして尼となると、とりついていた顕光と延子の霊は、「してやった、してやった」「今こそ胸のつかえもとれた」と、叫びののしったという。翌月には、東宮敦良親王に嫁していた嬉子《よしこ》も、皇子を出産しながら赤斑瘡《あかもがさ》にかかり、世を去った。このときも、顕光・延子の霊が現れて、数々の不吉なことをののしった。験者が必死に加持するかたわらで、道長は、乳児をあやすように、瀕死の嬉子に添い伏すばかりであった。生前の顕光は、道長にとって歯牙にもかけぬ存在だったが、怨霊と化した今、道長の全く抗し得ぬ力を振った。望月の歌からわずか数年にして、道長は現世の権力がいかに空しいものかを思い知らされたのである。

現世と来世

越えて万寿四年（一〇二七）、道長は、五月に息子の顕信、九月に娘妍子《よしこ》をあいついで失った。妍子は、やはり顕光・延子の霊に苦しめられ、飲食もとれぬまま影のようにやつれ果て、阿弥陀念仏をとなえながら没した。六十二歳の道長は、「仏の心憂くもおはしますかな。今まで生けさせ給て、かかる目を見せさせ給ふこと」と、数珠を押しもんで悲泣した。妍子の葬儀が終わると、道長は、すべてのはりを失って、病の床に伏した。

政争勝利の代償ともいうべき怨霊の影におびえ、みずからの病やあいつぐ子女たちの死に直面し、「ただ念仏のみぞ聞くべき」という心境に達した道長は、法成寺阿弥陀堂の念誦の間を病床とし、万寿四年十二月、九体の阿弥陀像に見守られつつ世を去った。「御目には弥陀如来の相好《そうごう》を見奉らせ給、御耳にはかう尊き念仏をきこしめし、御心には極楽をおぼしめしやりて、御手には弥陀如来の御手の糸をひかへさせ給ふ」とは、『栄花物語』が理想化して描いた道長臨終の姿だが、貴族の日記などをみれば、穏やかな最期とはいえなかったようである。

道長の信仰は、そのときどきの状況によって、調伏・息災など現世の願いの密教修法と、来世の願いの浄土教の間をゆれ動いたが、はじめにもふれたように、もともとこの二つは変動期の貴族社会における不安の救済として並んで発達したもので、貴族たちにとって対立する性格ではなかった。『御堂関白記』に「現世と後世の願い満足なり」と記したように、道長にとって現世と来世の願いは切り離せぬ一体の関係にあった。法成寺五大堂建立の願文に、「家門に怨をなす怨霊を降さんがため、弟子臨終の正念を専にせんがためなり」とあるが、道長一家を苦しめた怨霊の数々をみれば、五大明王への調伏の願いがいかに切実なものであったか、さらには病床に現れののしり叫ぶ怨霊を払い、臨終の念仏に専念できるよう護ってほしいとの願いが併せて記されている理由も理解できよう。摂関時代の貴族社会では、五大明王による調伏の祈りは、単に現世の利益にとどまらず、安らかな来世の浄土往生の前提であり、そうした五大明王の中心を占めるのが、調伏の明王不動尊だったのである。

4　地獄の救済者　地蔵と民衆

貴族社会の地蔵信仰

王朝貴族の信仰の一典型というべき藤原道長の法成寺において、本書の主題である観音・地蔵・不動のうち観音と不動が、それぞれ重要な位置を占めていたことは、すでにのべたとおりである。しかし残る一つの地蔵は、藤原道長の信仰において全く現れてこない。これはどうしたことだろうか。

ここでわが国の地蔵信仰についてみると、奈良時代すでに『十輪経』など地蔵経典は伝来していたが、地蔵の信仰は当時ほとんど発達しなかった。他の尊像に比較して地蔵の造像が極端に少ないことはすでにのべたとおりであるし（二〇ページ参照）、僧侶になろうと修行中の人びとの学問傾向がわかる『優婆塞貢進解《うばそくこうしんげ》』をみても、観音・薬師・弥勒・阿弥陀などの経典や陀羅尼は数多く記されているのに、地蔵関係のものは全くない。

平安時代に入ると、平安初期の伝承を有する地蔵像はかなり存在する。しかし貞観年間（八六〇年代）の基準作例である広隆寺の地蔵像（これも奈良時代の地蔵像同様、虚空蔵《こくうぞう》と対で造られたもの）の様式と比較してみると、古くても九世紀後半の作といえるのは数体にすぎず、平安初期の伝承のある地蔵像も多くは十世紀の作と思われる。要するに、わが国の地蔵信仰は、九世紀当時まではきわめて不振だったのであり、それはおそらく、現世利益信仰が仏教の主流を占めたこの時代には、地獄の救済を最大の利益とする地蔵の信仰は、それほど人びとの関心をよばなかったためであろう。

ところが十世紀も末になると、天台宗の僧侶や一部の貴族の間で、地獄救済の地蔵信仰が、ようやく注目されてくる。十世紀末の源信の『往生要集』は、地蔵が地獄に入って衆生の苦を救う悲願は他の仏菩薩にすぐれているという『十輪経』の一節を引用している。源信の著作・布教活動の背後には、天台僧と摂関体制に疎外された文人貴族を中心に結成された念仏結社である勧学会《かんがくえ》や二十五三昧会《にじゆうござんまいえ》が存在した。『往生要集』執筆後の源信は、二十五三昧会にまねかれて指導的役割を果たすのだが、二十五三昧会の規約や起請文には、「われわれは十悪の身であるから、死後は三途《さんず》（地獄・餓鬼・畜生の三悪道）に堕ちることは疑いない」「もし生前に一善も修しないならば、なにによって死後の三悪道をまぬがれることができようか。ついには焔魔《えんま》王のもとに行くだろう」など、六道輪廻や地獄への恐怖が記されている。このように平安時代の浄土教発達の背景となった六道・地獄思想の深まりに刺激され、ことに地獄の惨状を極楽と対比して描く『往生要集』の流布もあって、地獄菩薩の利益は、天台系の念仏結社につらなる貴族たちの関心をしだいに引くようになったのであろう。

こうしてわが国の地蔵信仰は、源信を中心とする天台浄土教の流れにまず発生したのだが、そこでも地蔵は、独立した菩薩信仰としてみれば未熟なものだった。『往生要集』は、地蔵の地獄抜苦の悲願は他の仏菩薩にすぐれているとの『十輪経』の一節を引用してはいるが、その一方で、文殊・弥勒・勢至、ことに阿弥陀・観音には悪趣抜苦の利益があるとも記しており、地獄抜苦について必ずしも地蔵の利益だけを強調しているわけではない。

ことに興味深いのは、当時の貴族社会での地蔵の造像形式である。地蔵が単独で本尊として造られる例は少なく、多くの場合、阿弥陀三尊に付随したり、弥陀五尊形式で造られた。弥陀五尊というのは、阿弥陀・観音・勢至・地蔵・竜樹の五尊を一群とする造像形式で、源信の師良源が中国浄土教の実例にならってはじめたとされる。天台浄土教を中心に流行し、仏像として造られた他、有名な高野山有志八幡講十八箇院所蔵の阿弥陀聖衆来迎図など、聖衆来迎図にも描かれた（中央が阿弥陀、向かって右横が地蔵）。ここでは地蔵の造像がみられるとはいえ、信仰の形としては、弥陀をとりまく聖衆の一員として、天台の諸尊兼修的な浄土教に包摂される存在にすぎなかった。

古くから独自の菩薩信仰として広く信奉されていた観音の場合は、一方では弥陀の聖衆とされながら、他方では六観音信仰などの形で独自の発展をとげたのだが、そうした独立した信仰としての歴史を持たない地蔵は、阿弥陀をとりまく諸尊の一つとして、阿弥陀信仰に付随する地位にあまんじなければならなかった。十一世紀には、六観音信仰の発達に刺激され、東密や台密の僧によって六地蔵が説かれるようになったが、形像や名称などに教義的うらづけがないため儀軌は混乱し、貴族社会の信仰としてはほとんど発達しなかった。要するに平安時代の貴族社会では、地蔵が単独で造像崇拝される地蔵専修の信仰は未発達であり、藤原道長の法成寺で地蔵像がみられないのも当然といえよう。

民間地蔵信仰の成立

しかし貴族社会で発達した浄土教が、十一世紀には民間にも浸透するにつれて、新しい地蔵信仰が発生してきた。

十一世紀の中ごろ、三井寺（園城寺）の実睿《じつえい》という僧が、民間の地蔵説話を集成し、『地蔵菩薩霊験記』という書物を編纂した。この漢文体の原本は散逸したが、十二世紀前半の成立である『今昔物語集』巻十七に、大部分の説話が和文体に改められて再録されているので、今日では『今昔物語集』によって、十一世紀の民間の地蔵信仰の姿をうかがうことができる。

この『今昔物語集』の地蔵説話を通読して、まず興味深いのは、「もっぱら地蔵菩薩を念じ、日夜に阿弥陀の念仏を唱えた」とか、「西に向かって阿弥陀の念仏を唱え、地蔵の名号を念じて没した」とか、地蔵信仰が阿弥陀信仰と密接に結びついている場合や、「日夜に法華経を読誦し、地蔵尊を念ずる」「地蔵菩薩の像を造り、法華経を書写する」といったように、地蔵信仰の本来の経典である『十輪経』『本願経』などよりも、『法華経』信仰と結びついている場合の多いことである。もともと『法華経』には、阿弥陀浄土信仰はのべられていても、地蔵信仰は説かれていない。また中国の地蔵説話集『地蔵菩薩像霊験記』『三宝感応《かんのう》要略録』などをみても、地蔵と法華・阿弥陀の併修や、地蔵の利益によって極楽に往生したといった説話はほとんどない。

では十一世紀のわが国の地蔵信仰に、どうして『法華経』や阿弥陀との併修が多いのかを考えてみると、これらの地蔵説話に、天台浄土教の中心地である横川《よかわ》に関係深い浄土教家の名前や活動が多数描かれているのが注目される。もちろん説話に記す個々の浄土教家の地蔵信仰が歴史的事実であったと単純に考えることはできないが、このことは『地蔵菩薩霊験記』など民間地蔵説話成立の背景に、横川を中心とする天台浄土教の影響の強かったことを暗示する。これら地蔵説話に阿弥陀や『法華経』との併修が多いことは、法華信仰と阿弥陀信仰が一体の関係にあった天台浄土教を背景とすれば、矛盾なく理解することができるのである。

横川の源信を中心とする二十五三昧会など天台浄土教の念仏結社運動の中からわが国の地蔵信仰が生まれ、その流れに貴族社会の地蔵信仰が形成されたことはすでにのべたが、横川の浄土教は、結縁の男女幾万人と知れずと伝えられる六波羅蜜寺供花会《ろくはらみつじぐかえ》など、さまざまな講会を通じて、貴族だけでなく結縁する民衆の間にも浸透した。ことに十一世紀以後、天台教団の世俗化が進むと、源信の流れをくむ真摯《しんし》な横川浄土教家たちは、教団の動きに反発し別所《べっしょ》に隠遁したり、民衆に布教したりして「聖《ひじり》」とよばれ、尊敬された。『今昔物語集』には、聖による地蔵講・地蔵会の説話が多くみられるが、こうした聖の講会を通じて、横川浄土教家の説く地蔵信仰は、民間に下降していったと思われる。

地獄必定の意識

ところで横川浄土教の影響という形式過程では貴族社会の地蔵信仰と共通しているが、説話内容をみると、民間地蔵信仰は、貴族社会のそれと非常に異なった面のあることに気づく。

『今昔物語集』地蔵説話の主人公たちは、地方の神官や武士、あるいは京の寺院に集う庶民など、ほとんど無名の人びとである。しかもそこに現れる地蔵は、この世で三年のあいだ主人に打ち責め使われた牛飼の童や、田舎道を歩む貧しげな僧、はては海人《あま》に捕えられた亀にまで身を変えるなど、庶民の日常生活の場に深く入りこみ、人びとを救おうとしているが、こうしたきわめて庶民的な地蔵信仰において、貴族社会ではほとんどみられなかった地蔵専修が盛んに現れる。地蔵の本願が地獄抜苦にあることから考えれば、こうした地蔵専修をめぐる貴族社会と民間の相違は、民衆の地蔵信仰が、貴族社会にみられないような深刻な地獄の恐怖の上に成立していたためではなかろうか。

平安初期の民間仏教を伝える『日本霊異記』に観音の利益を説く話が多数収められていることはすでにのべたが、その一方で地獄に堕《お》ちた人の話もいくつかみえる。その中には、鬢の男に案内されて夢に地獄に行き、死んだ妻に会った話があり、鬢の男は「われは閻羅《えんら》王、なんじが国で地蔵菩薩という、これなり」と告げたという。これによれば、地獄の思想は民間ではかなり古くからあり、地蔵を冥府の王の閻羅（閻魔）と同体とする『十輪経』の説も知られていたようである。しかし『日本霊異記』の地獄観は、「善を修行するものは、名は天人に現れ、悪を修行するものは、名は地獄に現れる」

「不孝の衆生は必ず地獄に堕ち、父母を孝養すれば浄土に往生す」など、この世で善因を積めば浄土往生など善果が生じ、悪因を積めば堕地獄のような悪果が現れるというもので、地獄は、現世でのいろいろな功徳、はなはだしきは地獄の使者に対する賄賂でも、逃れることができるとしている。

それが平安末期の『今昔物語集』地蔵説話をみると、民間の地獄観は深刻なものに変化する。僧蔵満は、一心に念仏を称える修行者だったが、業縁《ごうえん》の引くところによって地獄に召された。僧阿満は、白山《はくさん》・立山《たてやま》はじめ多くの霊験所をめぐって修行していたが、やはり業縁にしばられて、同様の運命をたどった。極楽寺の僧公真も、地蔵を日夜拝んでいたのに前世の業縁で地獄に召され、地蔵は「輪廻《りんえ》生死《しょうじ》ノ過《と》ガ、輙《たやす》ク此《これ》ヲ免ゼム」と嘆じた。この他にも、現世で罪を犯さないのに、前世の罪業で地獄に堕ち、冥路に迷う説話は多い。まことに「罪業《ざいごう》ノ因縁《いんねん》ハ宛《あたか》モ万劫《まんごう》ヲ重《かさね》タル巌《いわお》ニ似《に》」て、人間の力の及ぶところではない。すなわち『今昔物語集』地蔵説話の地獄観では、人びとは現世の善悪によってではなく前世の業縁により、あらかじめ定められた運命として地獄に召されるのであり、それは人間にとって動かすことのできぬ宿命と考えられている。ここでは、いわば「地獄は必定《ひつじょう》」という意識が生じているのである。

ところで貴族社会の浄土教では、たとえば『往生要集』をみると、六道地獄の苦を救うものとして、阿弥陀を頂点に文殊・弥勒・観音・勢至・地蔵が列記され、地蔵の利益だけが強調されているわけではないが、これに対して、『今昔物語集』など民間地蔵説話では、地獄抜苦の菩薩は地蔵だけである。

阿弥陀と地蔵の併修説話でも、実際に地獄の衆生を救ってくれるのは、例外なく地蔵である。「地獄は必定」という意識の強い民間で、このように地蔵が重んじられたのは、一見同じ六道地獄の抜苦といっても、地蔵の利益の性格が他の諸尊のそれと大きく異なっていたためではあるまいか。

『往生要集』などによれば、文殊・弥勒・勢至、さらに阿弥陀の利益は、人びとを地獄に堕とさぬ利益である。つまり、これら諸尊を現世で信奉する人は、死後地獄に堕ちず、極楽に往生できるのである。それは、『往生要集』巻頭の、あの悽惨な地獄描写の目的が、六道輪廻・堕地獄を恐れさせ、修善によって、輪廻なき世界——極楽浄土——に向かわせようとするところにあったことから考えても当然である。『梁塵秘抄』に、

観音光を和《やわ》らげて　六つの途《みち》をぞ塞《ふた》げたる　三界業生《さんがいごうしょう》受《う》くる人　遣《や》らじと思へる慮《こころ》にて

と歌われ、『栄花物語』が法成寺六観音について、

六観音は、六道のためにと思し召したり。本誓を思ふにいとあはれなり。……かく思ひつづけ拝み奉るにも、六道に輪廻することはあらじと、たのもしくなりぬ。

と記しているのは、これら諸尊の利益の性格をよく示している。

しかし民間地蔵説話の場合は、地蔵が地獄に入り、宿世の業縁によって地獄に堕ちた人びとの苦を救うという信仰である。それは死後に地獄に堕ちることを前提としている点で、他尊の信仰と全く性格を異にしている。

言葉をかえれば、地獄に対する恐怖が存在しても、「現世で功徳を積めば地獄に堕ちぬ」という意識があれば、専修的地蔵信仰は必ずしも発達しない。しかし「地獄は必定」という意識が成立するとき、地獄に入って人びとの苦を救うという地蔵の本願にすがる他ない。地蔵以外の諸尊がそこで姿を消したのも当然である。このように考えれば、平安末期の民間地蔵信仰とは、単に貴族社会と共通する横川浄土教の地蔵信仰が民間に下降したのではなく、「地獄は必定」という民衆の意識の下で質的に変化したものといえよう。

地蔵薩埵《さた》こそ訪《と》うたまへ

ところで『今昔物語集』地蔵説話では、生前地蔵を信じ供養していた主人公が、地獄の中で「願わくは地蔵菩薩、大悲の誓願を以て我れを助け免《ゆる》したまえ」と念じると、地蔵が現れ、地獄の役人と交渉して主人公を蘇生させてくれるという筋が大部分だが、「地獄必定」の意識が進むと、もはや地蔵の力をもってさえ容易に救われない場合もでてくる。

たとえば、賀茂盛孝という男は、地獄で地蔵に会い、喜んで救いを求める。地蔵は地獄の役人に交渉するが、役人は「一度罪人ときまったものは変えられない」と拒否する。地蔵は泣いて、「それなら私がこの男の身代わりになって地獄の苦を受けよう」といい、やっと盛孝は救われる。

また、こんな話もある。延好《えんこう》という僧が越中立山《たてやま》で修行していると、丑《うし》の刻に人の影のようなものが現れた。影は泣きながら、「私は地獄に堕ちた女だが、生前ただ一度、京の祇陀林寺《ぎだりんじ》の地蔵講に詣ったことがあった。それで地蔵が日夜三時（昼と夜に三回ずつ）に地獄に入り、私の苦しみを代わり受けてくれる」と告げた。また祥蓮という僧も、死後、妻の夢に現れて、「生シ《いきたり》間《あい》ダ、時々《ときどき》地蔵菩薩ニ帰依《きえ》シ奉《たてまつ》リキ。其ノ故ニ、日三時《さんじ》ニ地蔵来リ給テ、我ガ苦ニ代リ給フ。此ノ外《ほか》カニハ更《さら》ニ助カル事《こ》トナシ」と告げた。『梁塵秘抄』に、

わが身は罪業重くして　つひには泥犂《ないり》（地獄）へ入りなんず　入りぬべし　佉羅陀山《からだせん》なる地蔵こそ　毎日のあかつきに　必ず来り訪うたまへ

毎日恒沙《ごうしゃ》の定《じょう》に入り　三途《さんず》の扉を押しひらき　猛火の炎をかきわけて　地蔵薩埵《さた》こそ訪うたまへ

と歌われているのも、これら説話と共通する信仰で、罪業深きわれわれにとって地獄は必定であり、せめて地蔵菩薩が地獄におとずれて、ひととき苦しみを代わり受けてほしいというのである。

こうした地蔵専修成立の背景をなす「地獄必定」の意識は、なぜ平安末期の民間で発達したのか。おそらくそれは、かつて井上光貞氏が論じたように、当時の浄土教の主流が天台的諸行往生であったためであろう。観想と諸行を二本の柱とする『往生要集』の念仏理論が貴族社会浄土教で正統的地位を占め、本来すべての行に往生の種を認めるものだった諸行往生が、富と権力によって功徳の集積が容易な上流貴族の間で、その数量を競わせるものへ向かったことはすでにのべた。藤原道長の法成寺造営など、まさにその典型である。

しかし、この時代盛んになる聖《ひじり》など民間布教者の活動により、新たに浄土教への目を開いた一般民

衆にとって、このような諸行往生は不可能だった。そして、民間布教者が好んで行なったであろう因果応報の説法――現在苦しい生活をしているのは前世の因縁であり、さらに現世で功徳を積まねば、来世では地獄に堕ちるという卑俗な説法――は、自力作善《じりきさぜん》のできぬ宿業の恐ろしさ、その結果として逃れることのできない、来世での堕地獄――地獄必定――の恐怖を人々の心にうえつけた。

はかなきこの世を過すとて　海山稼《うみやまかせ》ぐとせしほどに　よろづの仏にうとまれて　後生《ごしょう》わが身をいかにせん

と『梁塵秘抄』に歌われたように、前世の業縁でこのような身分に生まれ、毎日の生活に追われて功徳も積めず、殺生を重ねざるを得ないわれわれは、阿弥陀仏はじめすべての仏にも疎《うと》まれて、地獄に堕ちる他ないという意識が深まったのである。

こうした平安末期の浄土教の下で考えれば、貴族社会では前世の業縁による堕地獄の恐怖がさして切実でなく、地蔵信仰があまり発達しなかったのに対し、諸行往生のすべなき民衆の間に、「ただ悪趣を以て栖《すみか》とし、罪人を以て友とする」地蔵菩薩の信仰が発達し、「ただ地蔵の名号を念じて、さらに他の所作《しょさ》なし」という地蔵専修が成立したのも、決して不思議なことではないであろう。

第四章　武士の時代の新たな展開

1　武士社会と不動法

武士政権と密教修法

十一世紀後半、政治の実権は天皇外戚の摂関家から天皇の父親の院に移り、いわゆる院政政権が成立した。天皇の権威を代行する摂政関白に対し、院の場合は「治天《じてん》の君《きみ》」とよばれて専権を振い、天皇の地位は全く形骸化した。後に北畠親房《きたばたけちかふさ》は『神皇正統記《じんのうしょうとうき》』で院政の成立を「世ノ末ニナレルスガタ」と歎じたが、古い権威が崩れ去るこの時代は、古代から中世への大きな社会的転換期であった。末法到来さながらの治安の乱れの下で、たのむべきを已れ自身に求める変革期の風潮は、仏教界では伝統教学を無視し自己体験を絶対視する現実肯定論としての観心《かんじん》主義を発達させ、不動や五大明王の他にも、力の化身を思わせる新奇な明王像が生まれた。そして政治の世界では、院の傭兵として登場した武士階級が、たびたびの内乱を経て、ついには実権をにぎるようになる。十二世紀の末、平氏を滅ぼした源頼朝による鎌倉幕府の開創は、中世の開幕を告げるものであった。

しかし東国に幕府が成立しても、京都には院政政権が厳存しており、古代的権威は生き続けていた。頼朝自身、武家の棟梁《とうりょう》とはいっても、幼年期を京の中流貴族の環境ですごしたこともあり、その信仰生活は京の貴族たちと大差なかった。一方では坂東武者の質実剛健の気風を称揚しながら、一方では京都朝廷の権威に接近することで、坂東武者に対する「鎌倉殿」としての自己の権威の増大を図る場合も多かった。すでに寿永二年（一一八三）、平氏・義仲と鼎立《ていりつ》の状態で、朝廷に異心なきこと、平氏の没落は仏神の冥罰《みょうばつ》ゆえ寺社に勧賞を行なうべきことを後白河院に奏して、大いに貴族たちの信頼を博したが、以後も頼朝の宗教政策には大寺社領の保護が一貫してみられ、古代政権と不可分な宗教的権威への接近の姿勢が読みとれる。古代政権と密着して発展してきた密教修法も、これに応えて鎌倉政権に接近し、その過程で、従来貴族社会中心であった不動法は、新興の武士社会に浸透していくのである。

鎌倉幕府と不動法

『平家物語』によれば、源頼朝に平家追討の挙兵を勧めた神護寺《じんごじ》の僧文覚《もんがく》は、熱烈な不動明王の行者《ぎょうじゃ》だった。文覚は、もとは遠藤盛遠《もりとお》という武士で、人妻袈裟《けさ》に横恋慕し、誤って彼女を殺したことから出家した。「まずは修行の小手調べに」と、厳寒の熊野に詣り、那智の滝壺に首までつかって不動明王の呪を唱え続けた。四五日目《しごにち》には、さしもの文覚も滝の流れに押し流されたが、不思議にも一人の童子が現れて引きあげてくれた。しかし「三七日《さんしちにち》（二十一日）の大願を果たすまでは」とまた滝壺に入り、三日目にとうとう意識を失ってしまった。すると二人の童子が来て文覚の全身をマッサージし、文覚は蘇生した。二人は、「われはこれ大聖不動明王の御使に、矜迦羅《こんがら》・制吒迦《せいたか》といふ二童子なり。『文覚無上《むじよう》の願をおこして勇猛の行《ぎよう》を企つ。行《ゆ》いて力を合すべし』と明王の勅によて来れるなり」と告げた。文覚は、「さればわが行《ぎよう》をば大聖不動明王までも知《しろ》しめされたるにこそ」と感激してまた滝壺に入り、ついに大願成就したという。神護寺再興の勧進で後白河院の忌諱《きき》に触れ、伊豆に流された文覚は、そこで頼朝と親交を結び、挙兵を勧めたとされる。

『平家物語』が記す文覚の話は、そのまま史実といえない部分もあり、東国で不動信仰を説いたとする確実な史料もない。『吾妻鏡』をみると、早くから頼朝と因縁の深かった伊豆走湯山《そうとうさん》の住僧などが鶴岳《つるがおか》若宮で不動と十一面観音の供養法を行なったとの記事があり、また奥州藤原氏征伐を祈るため北条氏が伊豆に建てた願成就院《がんじようじゆいん》には不動像が安置されていたという。しかしこれらの記事は断片的で、鎌倉幕府で本格的に不動法が行なわれるようになるのは、実朝の時代の台密僧忠快《ちゆうかい》によってである。

忠快は平教盛《のりもり》の子で、比叡山に登り権律師《ごんのりつし》となったが、平氏の都落ちでは父に従い、壇ノ浦で捕えられて伊豆に流された。流人とはいえ、当時の東国では忠快ほど位の高い僧はいなかったから、丁重にあつかわれた。後に流罪を許された忠快は再び比叡山に登り、三部の大法を伝授されて台密の代表的学匠となり、『阿娑縛抄《あさばしよう》』の編者承澄《しようちよう》はじめ多くの弟子を育成したが、建久六年（一一九五）、平氏に焼かれた東大寺の再建供養のため上洛した頼朝にともなわれて関東に下り、台密の正規の修法を幕府要路の人びとの間に広めた。

建保元年（一二一三）、和田義盛の挙兵に際し、北条義時は大江広元と相談して、和田氏調伏の祈禱を行なうことにした。東密の定豪《じょうごう》が大威徳法、台密寺門の浄遍《じょうへん》が金剛童子法、そして台密山門の忠快が不動法と、鎌倉在住で東密・山門・寺門を代表する三人の験者が、それぞれ得意の秘法を修して調伏の験を競う形になった。なかでも忠快は、この修法の功によって、将軍実朝の護持僧の地位を占め、将軍家の安泰のためさまざまの秘法を修した。

承久元年（一二一九）、実朝は鶴岳社頭で暗殺され、忠快も護持僧としての立場を失って鎌倉を去ったが、この年、四代将軍として京から九条道家の子の三寅《みとら》（後の頼経《よりつね》）が迎えられると、幕府での密教修法はますます盛んになった。幕府と後鳥羽上皇側とのさまざまな政治的かけひきの末に、京・鎌倉の協調の象徴としてようやく実現したこの藤原摂家将軍は、わずか二歳、密教や陰陽道の呪力で護持しなければ心もとないと周囲の人びとが考えたのは当然である。

頼経護持の修法の中心は、上流貴族のそれにならって、調伏の五大明王と息災の星宿神であった。承久《じょうきゅう》の乱の後、頼経の御願寺《ごがんじ》として五大堂が幕府の鬼門の方角にあたる大倉の地に建てられ、不動はじめ五大明王が安置された。初代の別当には、和田の乱の際に調伏の祈禱を行ない、忠快なき後は鎌倉における修法の第一人者とされていた定豪が任命された。

幼少の頼経も血気の青年将軍に成長するにつれ、執権の頤使《いし》に甘んぜず、頼経の周辺には執権の地位をうかがう北条一族の野心家や三浦氏など反北条の有力御家人が集い、幕府内紛の目となった。執権北条時頼は、頼経を京都に送還し、宝治元年（一二四七）には、もっとも恐るべき対抗勢力の三浦一族を滅した。『吾妻鏡』は、そもそもこの度の騒動は、頼経が幕府鬼門の方角に五大堂を建立し、験者や陰陽師を集めたことにはじまるとしている。頼経や三浦光村は、将軍護持の目的の大倉五大堂で、五大明王を本尊に執権調伏の祈禱をしていたらしい。頼経が京都に送還された際、高僧数人と陰陽師もこれに従っており、かれらが調伏の祈禱をしていたのであろう。不動を中心とする五大明王が、平安貴族社会で政敵の怨霊調伏などに重んじられていたことはすでにのべたが、武士社会でもこれにならって政敵調伏の目的で修法が行なわれていたのである。

討幕の修法と不動

もちろん鎌倉時代、不動法はじめ密教修法は新興武士階級の間に広まったとはいえ、その主流は依然として京の貴族社会と結びついていた。鎌倉と京の政治権力の比重変化は、中央諸大寺の密教修法の地盤沈下につながっていった。王法仏法相依の理論に立ち、古代政権との結合によって威信を誇ってきた大寺社勢力にとって、王法の権威回復こそ望まれるところである。こうして、一部の「関東有《う》縁《えん》の僧」による幕府擁護の修法が鎌倉で行なわれる一方で、中央の大寺社では、権力の回復を夢想する院や上流貴族と結んだ幕府調伏の修法が、朝幕抗争の動きとからんで、しばしば表面化するのである。

将軍実朝が横死し、摂家将軍が実現した後に、後鳥羽上皇によって企てられた北条氏追討、いわゆる「承久の乱」は、まず各地の寺社での大規模な幕府調伏の祈禱からはじまった。この乱での京方の大敗は、武家政権と公家政権の勢力逆転をもたらし、古代的権威と結合する寺社勢力にとっても大きな打撃となったが、それから百余年、再度王権の回復をめざした後醍醐天皇の討幕計画も、承久の故事にならうかのように、やはり幕府調伏の修法からはじまった。

もともと後醍醐は、父の後宇多《ごうだ》天皇に密教を授かり、東寺の禅助に許可《こか》を受けるなど、密教に関心が深かった。藤沢の清浄光寺《しょうじょうこうじ》（遊行《ゆぎょう》寺）には、後醍醐の有名な肖像画があるが、袈裟を着用し五鈷《ごこ》杵《しょ》・五鈷鈴《ごこれい》を持つ密教灌頂を受ける姿で描かれている。後醍醐は、円珍が頭血で写したと伝えられる赤不動《あかふどう》を守本尊として秘蔵し、のちに高野山に納めて天下泰平を祈ったという。こうした人物だけに、幕府調伏の修法の効験に期待するところも大きかったのであろう。

『太平記』によると、後醍醐は中宮禧子《よしこ》の安産の祈りと称して、諸寺諸山の高僧に命じ、さまざまの大法・秘法を行なった。なかでも天台宗法勝寺《ほっしょうじ》の円観（恵鎮《えちん》）と真言宗醍醐寺の文観《もんかん》（弘真《こうしん》）の二人は、宮中に壇をかまえて、不動など五大明王の五壇法、孔雀経法、熾盛光法、六観音法、金剛童子法はじめ多くの法を修した。護摩の煙と鈴を振る音は宮中に満ち響き、いかなる悪魔怨霊も安産を妨げられまいと思われるほどだったが、三年たっても中宮には出産の気配なく、やがて関東調伏の祈禱とのうわさがもれ聞こえ、円観・文観らは捕えられて鎌倉に送られた。彼らが行なった修法の本尊の形や炉壇のさまを画図に写し、証拠として六波羅から注進してきたので、これを鎌倉佐々目《ささめ》の頼禅《らいぜん》という僧にみせたところ、「子細《しさい》ナキ調伏ノ法ナリ」と判定された。もし安産祈願の息災・敬愛法なら、壇は円形・正方形・蓮華形だが、注進された炉壇の形は調伏法独特の三角壇だったのだろう。

そこで文観を水責めにしたところ、「勅定《ちょくじょう》ニ依リテ調伏ノ法行タル条子細ナシ」と白状した。円観も拷問にかけようとしたが、その前夜、北条高時は日吉山王権現《ひえさんのうごんげん》の使の猿たちが円観を守護している夢をみた。不思議に思っていると、障子に映る円観の坐禅姿の影が不動明王の形にみえるとの知らせがあり、円観はからくも拷問をまぬがれた。しかし文観の白状によって、有名な俊基《としもと》朝臣の東下《あずまくだ》りから「主上御謀反《しゅじょうごむほん》」に発展し、幕府の滅亡、建武の新政、南北朝の抗争と、動乱の時代に向かうのである。

身代わり不動

この『太平記』の話で興味深いのは、前代同様、不動法が政争の際の調伏の法として重んじられている一方で、不動明王の行者は危難の際に不動の姿に変身することで助かるという信仰がみられる点である。『太平記』は、南北朝内乱期の一三七〇年代初めの成立とされるが、不動明王についてのこうした信仰はいつごろまで遡れるだろうか。

平安時代の末、十二世紀半ば近くの成立と思われる『今昔物語集』巻十一の慈覚大師円仁の話が、おそらく類話としてはもっとも古いだろう。円仁が入唐求法の際、有名な会昌《かいしょう》の破仏に遭い、捕えられそうになって堂に逃げこみ、不動尊を念じた。役人が踏みこむと、円仁の姿はなく不動像が一体あるだけだった。やがて円仁はもとの姿にもどるが、この奇跡で難をまぬがれたという。この話は、鎌倉初期の一二二〇年代成立とされる『宇治拾遺物語』にもみえる。

鎌倉中期の十三世紀半ば以降の成立とされる『撰集抄《せんじゆうしよう》』に記す興教大師覚鑁《かくばん》（一〇九五〜一一四三）の話も有名である。覚鑁は、鳥羽上皇の帰依を得て高野山金剛峯寺《こんごうぶじ》の座主となり改革を行なうが、旧勢力との争いを厭い、千日無言行《むごんぎよう》を修した後に根来《ねごろ》に去った。彼の法流は後に新義真言宗となる。『撰集抄』によると、この行《ぎよう》の最中に、覚鑁を殺そうとする悪僧たちが乱入したところ、覚鑁の姿はなく、不動尊が二体あった。一体は覚鑁の日ごろの本尊、もう一体は覚鑁が化身したものと思われたが、どちらがどちらとも見分けがつかない。さわってみると一体のほうが少し温かったので、これが覚鑁かと悪僧たちは切りつけ、結局、覚鑁は負傷して根来に去ったという。この二体の不動尊の話は、虎関師錬《こかんしれん》が一三二二年に完成した有名な日本仏教通史の『元亨釈書《げんこうしやくしよ》』でもふれており、『太平記』では、不動に化身した覚鑁に悪僧たちが投石したが、石はばらばらに砕け散ったと記している。

一方、『太平記』とほぼ同じ十四世紀後半にできたと思われる覚鑁の伝記の『密厳《みつごん》上人縁起』には、つぎのような話として記されている。乱入した悪僧たちが、二体の不動のどちらが覚鑁かわからず困っていると、膝を刺して血の出た方こそ覚鑁だというものがいた。そこで矢の根を抜いて二体の不動の膝を刺したところ、二体とも血が流れたので、悪僧たちはあきらめて退出した。覚鑁は、不動尊をこのような憂き目に遭わせたことを悲しみ、根来寺に去った。この不動像は、後に「きりもみ不動」とよばれ、現在も根来寺に安置されているという。

この「きりもみ不動」の話では、不動の信者が危難に際し、不動の加護で不動像に変身するだけでなく、不動が信者の苦しみを代わって受けてくれる、「身代わり不動」とでもよぶべき信仰がうかがえる。「身代わり不動」の話でもっとも古いのは、十二世紀末の『宝物集《ほうぶつしゅう》』にみえるものだろう。園《おん》城《じょう》寺《じ》の僧智興《ちこう》が重病になり、安倍晴明《あべのせいめい》に祈禱してもらったが、だれか身代わりにならねば助からないといわれる。智興の弟子の証空《しょうくう》が身代わりを決意し、晴明のもとに行き師の病気を引き受ける。しかし病気があまりに苦しいので、日ごろ信仰していた不動明王の画像に祈ると、不動明王は忿怒の目から涙を流し、「汝は師に代わる。我は汝に代わらん」といって、壇の上に落ちた。不思議なことに、証空の病はたちまち治ったという。

この話は有名で、鎌倉末期の『不動利益縁起』、室町時代の『泣不動縁起《なきふどう》』など絵巻物にもなった。そこでは不動が縄を打たれて地獄に引き立てられるが、驚いた閻魔王が不動を伏し拝み、不動と証空が地獄から帰るという結末部分も描かれている。

貴族社会では調伏法の本尊とされ、平安末期の民間歌謡を集めた『梁塵秘抄』でも、

不動明王恐ろしや　怒れる姿に剣を持ち索を下げ　後に火焔燃え上《のぼ》るとかやな　前には悪魔寄せ

じとて　降魔《がま》の相《そう》

と歌われているように、本来は悪を破砕し人びとを守る不動尊に、どうして信者の身代わりになるという信仰が加わったのだろうか。もともと不動は大日如来の従僕、使い走りであり、大日如来の衆生救済の大願を果たすため、忿怒の姿でこの世に現れて真言行者を守るのである（五三ページ参照）。この大日如来の従僕としての性格が不動行者の従僕的存在ともみなされるようになり、大日如来の教令輪身としての悪の調伏よりも、信者に対する献身的奉仕の利益が広く人びとに求められるようになったのであろう。その際、平安末から鎌倉時代に盛んになる地蔵や観音の身代わり説話の影響も想定できる。ことに証空の「身代わり不動」説話が、園城寺を舞台としているのは注目される。園城寺は不動信者円珍の流れをくむ天台宗寺門派の本山で、後にのべるように熊野を起点とする西国観音巡礼の形成に大きな役割を果たし、修験道本山派《ほんざんは》がここから生まれる。すなわち「身代わり不動」に代表されるような身近な不動の現世利益は、修験山伏を通じて民衆の間に広まっていったことが想像できるのである。そこで、つぎに山伏と不動信仰の関係についてみることとしよう。

修験山伏と不動明王

古来日本人は、山岳を神のやどる所、あるいは神そのものとして崇拝してきた。奈良時代になると、道教《どうきょう》や仏教の影響もあり、修験道の祖とされる役小角《えんのおづぬ》のように、神聖な地である山岳に籠って修行し験力を得た人物も現れてくる。ことに平安時代になると、密教の験者たちは競って山岳で修行し、平安末期に一部の験者たちは、密教の修法に神道や道教の要素もとり入れて、独自の峰入《みねいり》の作法や呪法を編み出した。彼らは山に伏して修行するところから山伏（臥）ともよばれた。

修験者たちが特に多く集まったのは、紀伊の熊野と大和の金峰山《きんぷせん》である。熊野を拠点とする修験者たちは、天台宗寺門園城寺の僧で熊野三山検校《くまのさんざんけんぎょう》となり聖護院《しょうごいん》を開いた増誉《ぞうよ》の下に集まり、後に本山派とよばれる集団になった。一方、金峰山を拠点とする修験者たちは、空海の孫弟子で真言宗の醍醐寺を開いた聖宝《しょうぼう》を開祖に仮託し、後に当山派《とうざんは》とよばれる集団になった。

修験道の思想や儀礼については、近年の宮家準氏の研究に詳しい。修験道の基本的な思想として、修験者（山伏）は大日如来に象徴される大宇宙（金剛界・胎蔵界）の性格を一身に備えた小宇宙となり得るものであり、かつまた修験道の本尊である不動明王ともなり得ると把握されているという。山岳は曼荼羅で不動明王が住む聖地であり、修験者は峰入修行によって不動明王の力を体得しようとする。当然、修行の際の法具（いわゆる山伏十二道具）は、本尊不動明王の姿と金剛界・胎蔵界の両曼荼羅を象徴しているとされる。歌舞伎『勧進帳』の山伏問答で、弁慶が「それ修験の法といつぱ、胎蔵・金剛の両部を旨とし、嶮山悪所を踏み開き、……」と弁じ、「して山伏の出立《いでたち》は」という富樫《とがし》の問に、「すなはち、その身を不動明王の尊容に象《かたど》るなり」と答えて道具を説明するのは、その好例だろう。

もともと不動という言葉は動かない大山をさし、不動明王は山の守護神であるから（五二ページ参照）、不動明王は山岳修験者の本尊としてふさわしい存在といえる。もちろん、こうした修験道の教義・衣体・法具が整備されるのは、本山派と当山派による山伏の組織化が確立する室町末期ないし戦国以後のことである。しかしそれ以前から、山岳修験者と不動明王の関係は密接であり、山伏は不動明王を使って超自然的な力を示すと人びとに信じられていた。『太平記』には、そうした話がいくつかみえる。

円観・文観の五壇法による幕府調伏が発覚した話は前にのべたが、その結果、京方の主謀者として日野資朝《すけとも》と日野俊基《としもと》が捕えられ、資朝は佐渡に流罪となった。資朝の一子阿新丸《くまわかまる》は十三歳だったが、父に会いたくて佐渡に渡る。しかし非情の役人は父子対面を許さず、資朝を斬ってしまう。父の恨みをはらそうと阿新丸は役人を斬り、逃げる途中で年老いた山伏に会う。事情を知った山伏が、阿新丸を肩に乗せて港まで来ると、舟は出航するところである。山伏の呼びかけに舟人たちがとりあわず帆をあげて港外に出ると、怒った山伏は数珠を押しもんで不動の呪を唱え、「明王ノ本誓アヤマラズバ、……其船此方《こなた》へ漕返《こぎかえし》テタバセ給へ」と跳りあがり跳りあがり祈った。すると沖から暴風が起こり、舟人たちは山伏に助けを乞うて二人を乗せてくれた。阿新丸が山伏に助けられ九死に一生を得たのは明王加護の誓いによるものと『太平記』は結んでいる。

また、山伏姿に身をやつし熊野に落ちのびた大塔宮護良《だいとうのみやもりよし》親王の一行が在家にたどりつき、「是ハ三重ノ滝ニ七日ウタレ、那智ニ千日籠テ、三十三所ノ巡礼ノ為ニ、罷出《まかりいで》タル山伏共《ども》」と里人たちを信用させるが、物怪《もののけ》病《やま》いの女をなおしてほしいと頼まれてしまう話もある。宮が陀羅尼を唱え数珠を押しもむと、病人は「誠ニ明王ノ縛《ばく》ニ被掛《かけられ》タル体《てい》」、いわゆる不動の金縛りの状態になって、たちまちなおったという。ここでも山伏と不動明王は深いつながりで描かれている。

外敵や政敵の調伏の本尊として朝廷や貴族さらには武士政権に受け入れられた不動の信仰は、このように不動明王の力を体得したと信じられ各地をめぐる修験山伏を通じ、より身近な利益を与え危難を救ってくれる守護者として、民衆の間にも広く浸透していくのである。

2 身代わり地蔵

地蔵と現世利益

私は前に、修験山伏によって説かれた不動の現世利益で、「身代わり不動」は鎌倉時代に盛んになる地蔵や観音の身代わり説話の影響と考える説のあることにふれた。中世の庶民信仰における身代わり説話を代表するものといえば、なんといっても数多い「身代わり地蔵」の話であろう。平安時代の末、地獄に入って信者の苦を代わり受けるとされた地蔵の信仰が、どのようにして現世で信者の身代わりとなりさまざまな利益をもたらすという信仰に発展していったのだろうか。

源信の『往生要集』で説かれた観想と諸行を往生の条件として正統視する貴族社会の浄土教が平安浄土教の主流となっていたことはすでにのべた（六五ページ参照）。諸行往生のすべない民衆の間に地獄必定の意識が発達し、地蔵専修の信仰が生まれた理由はそこにあった。

しかし源平内乱期に現れた法然によって、従来の浄土教は大きく変化した。法然は『選択《せんちゃく》本願念仏集』で、「阿弥陀如来は、ただ念仏をもって往生の本願としている」と断言し、諸行・諸尊を信奉する従来の仏教に対し、だれにでも容易な阿弥陀称名念仏を選択・専修した。「いかなる悪人でも阿弥陀念仏を称えるだけで地獄に堕ちず極楽に往生できる」と信ずる阿弥陀専修の人びとが、「地蔵を信ずる人は地獄に堕ちるぞ。地蔵は地獄にいるのだから」と公言したり、「地蔵が阿弥陀と並ぶのは不都合だ」と、阿弥陀像のそばの地蔵像を引きおろしたり、はなはだしきは地蔵の石像の頭をすり鉢の代わりにし、「隣の家の地蔵は、もう目のところまですりつぶしたぞ」と競いあった話などが、鎌倉時代の説話集『沙石集《しゃせきしゅう》』にみえる。

こうした諸尊諸行を否定する阿弥陀専修に批判的な人びと、明恵《みょうえ》・貞慶《じょうけい》などいわゆる旧仏教の学僧たちは、阿弥陀専修が余仏《よぶつ》として排除する釈迦・薬師・観音・弥勒・地蔵など諸仏独自の利益を強調し、諸尊諸行の立場を擁護した。地蔵についていえば、十二世紀末の無住《むじゅう》が編纂した前記の『沙石集』の主張は代表的なものだろう。

地蔵菩薩は、衆生を済度しつくすまでは成仏しないという悲願を発し、仏から仏法を伝えられ、釈迦没後弥勒出世までの無仏の世の導師として、地獄など悪趣に堕ちた人びとを救うことを利益の第一としている。……地蔵菩薩は、ことにわれわれに縁ある菩薩である。そのゆえは、釈迦は一代の教化《きようけ》の主としての因縁尽きて入滅したから、霊山浄土《りようぜん》で説法を続けているとはいえ、この世の衆生には、はるかに遠い存在となった。阿弥陀は四十八の大願の願主とはいえ、この世から十万億土をへだつという極楽世界にいるのだから、浄土往生を願う正しい心の持主でなければ弥陀の救いの光明からもれてしまう。しかし地蔵は、慈悲深いゆえに浄土に住まず、この世と縁尽きぬゆえに入滅もせず、ただ悪趣を住みかとし罪人を友とする。釈迦は信者の能力が備わった時にはじめて現れ、弥陀は信者の臨終の際にはじめて来迎《らいごう》するというが、地蔵は、能力の備わるのをまたず、臨終の際とも限らず、いつでも六道のちまたに立ち、昼も夜も生きとし生けるものにまじわって、縁なき衆生をも救いたまうのである。

もちろん、こうした旧仏教側の主張によっても、阿弥陀専修の時代の流れを変えることは難しかったが、十万億土をへだてる極楽浄土に住み、信者臨終の際に来迎するだけの、すなわち来世の救済に終始し現世に無関心な阿弥陀に対し、悪趣を住みかとし罪人を友とする地蔵など諸尊のすぐれている点は、われわれと同じ俗界に住むゆえの「世間《せけん》の利益《りやく》」――現世利益――であるといった主張は、貧しい民衆や生命の危難にさらされる武士などに訴えるところが大きかった。法然浄土教の確立によって来世信仰としての役割をせばめられた地蔵は、阿弥陀にまさる現世利益の部分を表面化することで、発展していくのである。

地蔵の看病、地蔵の田植

地蔵が、地獄抜苦のほかに、飲食・衣服・医薬などを与え、病をのぞくなどの利益があるとは、もともと『十輪経』や『本願経』に説かれているが、十二世紀末以後、盛んになる地蔵の現世利益信仰の特色は、「身代わり地蔵」とよぶべきものである。すなわち地蔵が信者の願いに応じて、信者の欲する力を持った人間の姿になり変わったり、危難を蒙りそうになった信者の身代わりになってくれたりするもので、『沙石集』などが強調する、地蔵は浄土に住まず、人びとの間にまじわって、大悲をもって人びとの苦しみを代わり受ける（大悲代受苦）という信仰の発展として理解することができる。

平安末期以後の地蔵像の多くは、菩薩でありながら菩薩形ではなく、比丘《びく》形、つまり右手に錫杖、左手に宝珠を持った、普通の僧侶の姿で造られた。これは、地蔵が行脚《あんぎゃ》の僧に化して六道をめぐり衆生を救うという信仰を示すのであろう。『今昔物語集』などの地蔵説話には、地蔵が「小さき僧」「若き僧」に化身したという話が多い。地蔵が特に子供の僧に身を変える意味については、後に改めてふれるが、『沙石集』には、地蔵が若い僧となって信者を看病した話を記している。

鎌倉に住む帥僧都《そちのそうず》は、齢八十におよぶ真言宗の名僧だったが、自分がいつ死んでも地蔵縁日の二十四日を自分の月忌《つきいみ》の日にせよと弟子に命じる熱心な地蔵信者でもあった。さて重病にかかり、すでに臨終の支度などしていると、看病人が休んでいる間は、どこからともなく若く美しい僧が現れ、なにもいわずに僧都を看病してくれる。不思議に思って弟子たちに、「あの僧はだれか」と聞くが、僧都以外の人の目には、その僧の姿がみえぬ。そこで弟子たちが、「あるいは地蔵菩薩が看病なさったのではないでしょうか」というと、僧都は「まことにそうかもしれぬ。そういえば、お帰りになるときに錫杖をかついでおられた。ああ、かたじけないことだ」と、感涙にむせんだ。僧都は、こうして願いのとおり、二十四日に入滅できたという。無住は、この話は僧都の弟子からじかに聞いたことで、これこそ地蔵の利益だと感歎している。このように地蔵が身を変えて看病してくれるという説話の発展上に、地蔵の治病神としての性格が顕著になっていくのである。

一方、十二世紀末の『宝物集《ほうぶつしゅう》』には、こんな話がある。地蔵像にいつも供え物をする信心深い老女がいた。ところが老女の田を耕すはずの作男がさぼって、六月というのに田植をしてくれぬ。悲しんだ老女が地蔵像に向かって、「もし人間なら田植をしてほしいものを」といった。すると夢に若い僧が現れ、「お前が悲しんでいるから、私が植えてやろう」と告げ、目がさめてみれば、一夜のうちに田植がすんでいた。不思議に思ってよくみると、田の中に鼠のような足跡があり、家に帰ってみれば、地蔵像の足に泥がついていたという。

こうした泥付地蔵とか土付地蔵の説話から、農村社会を中心に、地蔵の農耕の利益がもてはやされるようになる。十五世紀ころの『伯耆《ほうき》国大山寺《だいせんじ》縁起』には、僧に身を変えた地蔵が、「牛を引いてほしい」「田を植えてほしい」「苗を運んでほしい」という三方からの願いに、身一つで同時に応えてくれた話がある。これなど地蔵の分身性と農耕利益が結びついた好例であろう。また『大山寺縁起』には、地蔵が田植女になって、田楽《でんがく》を奏するありさまが描かれ、十五世紀初めの貴族の日記にも、霊験ある地蔵像に、田植に模した風流の出しものが捧げられたと記されている。

さらに近世になると、天正年間の旱魃《かんばつ》の際に田に水を満してくれた筑後正覚寺《しょうかくじ》の水引《みずひき》地蔵、牛の鼻をとって田を耕してくれた鹿児島の鼻取《はなとり》地蔵など、農耕神としての地蔵説話が全国各地に形成されるようになる。

武士と地蔵

地蔵が戦場に現れて危急を救ってくれるという信仰も、武士政権が成立したこの時代には盛んだった。平諸道《もろみち》という武士が、戦場で矢が尽きて、もはや最期と覚悟したとき、心に氏寺の地蔵を念じると、小さな僧が現れて矢をひろって渡してくれたので、諸道は危機を脱した。小さな僧は敵の矢にあたって消えてしまったが、戦が終わって諸道が氏寺に詣ってみると、地蔵像の背に矢が立っていた。この矢取り地蔵は、もともと『今昔物語集』にある話だが、この時代、いろいろの説話集に再録されて、有名になった。

武士の危急が救う身代わり地蔵の説話としては、『太平記』に記す、壬生寺縄目《みぶでらなわめ》地蔵の話も名高い。京で足利軍と戦った児島高徳《こじまたかのり》勢が全滅したとき、武蔵国の住人香勾《こうわ》新左衛門高遠《たかとお》だけは囲みを破って壬生寺地蔵堂に逃げこんだ。すると一人の僧が現れ、自分の念珠を高遠の血刀ととりかえてくれた。寄手《よせて》の兵は、念珠を持って祈っている高遠を参詣人と思い、血刀を持った僧に縄を打ってつれ去った。ところがこの身代わりの僧は牢から姿を消し、のちに壬生地蔵堂の本尊をみると縄目の跡が残っていたという。

足利尊氏と地蔵信仰

『吾妻鏡』によると、建長五年（一二五三）、建長寺の供養が行なわれ、丈六地蔵菩薩を中尊に地蔵千体を安置した。この供養は北条時頼が熱心だったらしく、源氏三代と政子《まさこ》ならびに北条一門の追善のためだった。すでに平安時代から坂東平氏など関東の豪族の間に地蔵信仰が浸透していたらしいことは、田中久夫氏が『地蔵信仰と民俗』で指摘しているが、鎌倉時代にも、北条氏を中心とする東国武士社会では、地蔵の現世二世の利益が重んじられていたのである。

東国大武士団の出で、室町幕府を開いた足利尊氏が熱心な地蔵信者だったのも、有名な事実である。『蔭凉軒日録《いんりようけんにちろく》』によると、尊氏は弘法大師作と伝える地蔵像を具足櫃《ぐそくびつ》の中に入れ、守り仏としていた。尊氏は好んで自画自賛の地蔵画像を人に与えた。貞和五年（一三四九）正月の地蔵画像の讃文には、

夢中感通《かんつう》有り　我れをして尊容を画かしむ
利済（利益救済）は沙界《しやかい》（無数の世界）に偏《あまね》く　善根は窮る所なし

とある。義堂周信《ぎどうしゆうしん》の『空華日用工夫略集《くうげにちようくふう》』によれば、尊氏が九州におもむく途中、夢で敵軍に追われ危いところに一人の比丘《びく》（地蔵）が現れ、尊氏の手をとって安全な場所に導いてくれた。夢さめた後、尊氏はみずから地蔵像を画き、讃に「夢中感通」と記すようになったという。また暦応二年（一三三九）創建した等持院には、「われ三尺の剣をさげて、天下を馬上に定む。殺すところ多しといえ

ども十万に過ぎず」と称して、地蔵像十万体を安置した。尊氏の地蔵への帰依の深さがうかがえるであろう。このころ細川頼之も、京都西山に地蔵院を建立しており、南北朝内乱期の武将たちの間では、戦場の危急を救うとともに、殺生をつねとし地獄に堕ちる悪人も友とするという地蔵の大悲が、このうえなく心強く身近なものとして信じられていたのである。

勝軍地蔵

ところで『広智国師語録《こうちこくし》』によると、足利尊氏は貞和四年（一三四八）の母の七周忌に、みずから勝軍地蔵像を写したという。この時代に新しく現れる勝軍地蔵とは、どのような地蔵であろうか。

元亨二年（一三二二）に完成した虎関師錬の『元亨釈書《げんこうしやくしよ》』には、つぎのような話がみえる。征夷大将軍坂上田村麻呂が陸奥に出発の際、清水寺《きよみず》の僧延鎮に法力による助けを乞うた。将軍が戦場で危いとき、小さな僧と男が矢をひろって渡してくれたので、敵将を射殺し凱旋することができた。延鎮に、どのような法を修したかと尋ねると、延鎮は「わが法中に、勝軍地蔵・勝敵毘舎門《びしやもん》あり。われ二像を造り、供修せるのみ」と答えた。そこでその二像をみれば、矢のきず、刀の跡があり、足は泥にまみれていたという。しかし平安時代にできた清水寺の縁起は、この勝軍・勝敵像にふれていない。前にのべたように、地蔵が小さな僧の姿で戦場に現れ矢を拾うとは、『今昔物語集』の矢取り地蔵の説をもとに鎌倉時代に盛んになる信仰だから、この田村麻呂の勝軍地蔵説話の成立も、元亨年間をそれほどさかのぼらないころであろう。中古天台教学の口伝《くでん》を集め、文保二年（一三一八）に完成した

『渓嵐拾葉集《けいらんじゆうようしゆう》』の地蔵の頃には、一切怨敵を消散させる「勝軍の事」という利益が強調されている。ここではまだ勝軍地蔵の名は現れないが、こうした「勝軍」の利益への期待の高まりが、やがて田村麻呂と結びつけた勝軍地蔵の信仰に具象化したと思われる。

十五世紀前半の応永年間の成立と推定される『与願金剛地蔵菩薩秘記』は、勝軍地蔵の姿について、蓮華三昧経大勝金剛秘密三昧品にいはく、勝軍地蔵といふは、頭に冑《かぶと》を戴き、身に鎧《よろい》をつけ、鎌を帯び、大刀を佩《は》き、弓箭《きゆうぜん》を負ひ、左の手に幡《はた》をなびかせ、右の手に剣を執る。軍陣に臨むに、向う敵なし。たとへば秋の草の風に靡《なび》くがごとし。

と説明している。現行の『蓮華三昧経《れんげざんまいきよう》』には該当する記載がないが、かつて『地蔵信仰』(塙新書)で詳しくのべたように、現行本とは別の、勝軍地蔵にふれた『蓮華三昧経』という偽経が十五世紀初めごろ存在したようである。この時期は後にのべる応永二十三年の桂地蔵事件(一七四ページ参照)に象徴されるように、京を中心とする民衆の地蔵信仰の高揚期で、地蔵関係の偽経が作成流布するのにふさわしい時代環境であった。

おそらく勝軍地蔵の信仰は、鎌倉最末期の十四世紀前半に成立し、足利尊氏の信仰などもあって室町時代ことに盛んになり、十五世紀の『蓮華三昧経』に至って、武将風の姿やさまざまの説明が付加されたのであろう。

清水寺だけでなく、愛宕《あたご》明神の本地も勝軍地蔵だという信仰がある。愛宕と地蔵信仰の関係は、古くは『今昔物語集』の地蔵説話にみえるが、愛宕勝軍地蔵の名が初めて現れるのは、室町時代の小説『愛宕地蔵之物語《あたごじぞうのものがたり》』である。愛宕明神は、近世になって江戸幕府が江戸に勧請し、武士には勝軍の神、庶民には防火の神として尊崇された。勝軍は将軍にも転訛し、各地に広く祀られたが、こうした武士の時代の「身代わり地蔵」として発生した勝軍地蔵の民間への広まりは、民俗信仰との関連で後にあらためてふれる。

3　観音詣でと三十三所巡礼

観音詣での流行

護国寺霊験寺院の系譜を引く摂関時代の観音霊場への参詣者の中心が貴族階級であったことは、すでにのべたとおりである。もちろんこの時代、民衆の参詣がなかったという意味ではない。たとえば長谷寺について、『源氏物語』玉鬘《たまかずら》には、「国々から田舎人が大勢詣っている」と参詣の様子が描かれている。しかし社寺参詣史研究の大家新城常三《しんじょうつねぞう》氏の言葉をかりるなら、「参詣者の絶対数の比較においてではなく、参詣のおよぼす社寺経済への寄与程度、参詣の社会的意義においてみれば、（摂関時代の）民衆参詣は未だほとんどいうに足らず、ただ貴族のみが強力に発言し得た」のである。道綱の母が『かげろふ日記』の長谷詣のくだりで、「乞食どもが食器や炊事道具を並べているのは哀れで、せっかく身をきよめて来たのに、こんなきたない連中をみては汚されたような気がして、長谷観音の霊験も劣るように思われる」と歎き、清少納言が『枕草子』に、

長谷寺に参詣したとき、身分卑しい下﨟どもが並んでいることこそ、まことにしゃくにさわることだ。こちらが早く仏様を拝みたいのに、蓑虫みたいな見苦しい連中が集って拝んでいるのをみると、しゃくにさわって、押し倒してやりたい気がする。

と民衆の参詣に露骨な不快感を記したのも、霊場参詣の主導者が貴族階級であると自他ともに認められていた時代背景で理解すべきだろう。

だが永承七年（一〇五二）、「霊験所の第一」とされた長谷寺が焼失した際に、本尊観音の十一面のうち三面が焼け残ったことが知れ渡ると、「焼亡以後、遠近の人の参詣、雲のごと」くであったとか、嘉保元年（一〇九四）の清水寺新像供養には、「都人子女、結縁のため参集すること雲のごとし」などと貴族の日記が記すように、民衆の観音霊場参詣は、院政期に入って増加の一途をたどった。十二世紀中ごろ近くの成立とされる『今昔物語集』にみえる、清水寺に二千度詣でした青侍《あおざむらい》の話なども、こうした院政期の民衆参詣の盛行を背景とした説話であろう。

こうした参詣者の底辺拡大とでもいうべき現象は、寺院側が貴族だけでなく民衆の参詣にも経済的に期待するようになり、積極的な参詣勧進を行なった結果でもある。嘉保元年に焼失した長谷寺の復興が、本尊観音の霊験を宣伝する勧進聖の幅広い勧進活動でなしとげられたのは、注目される。そう

した寺院側の動きは、『今昔物語集』巻十六に収められた観音説話が、原典である『日本霊異記《にほんりょういき》』などの観音説話をどのように改変しているかによっても、うかがうことができる。

『今昔物語集』巻十六をみると、貧しい男女が観音霊場に参詣することで、さまざまの現世利益を得た話が多いが、その中でたとえば、『日本霊異記』の「孤《みなしご》の嬢女《おうな》、観音の銅像に憑《よ》り敬《うやま》い、奇《めずら》しき表《しるし》を示して、現報を得る縁《えに》」を「殖槻寺《うえつきでら》ノ観音、貧シキ女ヲ助ケ給ヘル語《こと》」と改題している。話の筋は大差ないが、『霊異記』では文中に出てくる殖槻寺を『今昔』は表題に出すことによって、一編の要旨を観音銅像の霊験説話から殖槻寺本尊観音の霊験説話に転換しているのである。しかも『今昔』は説話の最後に、「マタ其《そ》ノ観音、今ニ其ノ寺ニ在《おわし》マス。人必《ひとかなら》ズ参《まいり》テ礼《おが》ミ奉ルベキトナム語リ伝ヘタルトヤ」と『霊異記』原文にはない奈良の殖槻寺への参詣を勧める一文を加えて結びとしている。『霊異記』の「極めて窮《まず》しき女、千手観音の像に憑り敬い、福分を願いて大富を得る縁」を、『今昔』が「女人、穂積《ほづみ》寺ノ観音ノ利益ヲ蒙レル語」と改題したのも同じ例で、『今昔』は、「其ノ観音、今ニ其ノ寺ニ在マス。必ズ詣《もう》デ、礼拝シ奉ルベキ観音ニ在ストナム、語リ伝ヘヌルトヤ」と、やはり『霊異記』にない一文を加えて結んでいる。こうした改変例は、他にいくつも数えることができる。諸寺の縁起を集めた巻十一でも、清水寺の場合、「時、世ノ末ニ臨《のぞむ》ト云ヘドモ、人、願ヒ求ル事有テ、此ノ観音ニ心ヲ至シテ祈リ申スニ、霊験ヲ施シ給ハズト云フ事无《な》シ。然レバ、今ニ都ノ上中下ノ人、皆首ヲ傾《かたぶけ》テ歩ヲ運バズト云フ事无《な》シ」と、原典の『清水寺縁起』にみられぬ参詣勧進強調の内容にしており、長谷寺についても同様である。

こうした『今昔』説話における改変の意味を考える場合、興味深いのは、『今昔物語集』の成立と唱導《しょうどう》の関係である。『元亨釈書』が「唱導とは演説なり」と説明しているように、布教活動の際に弁説をもってする講経儀式を唱導という。その中でも説法の部分では、施主の徳業を讃歎し、因縁譬喩談や霊験説話が引用され、音声の抑揚、話術の技巧が求められる。後にこの説法の部分が重要視され、唱導の語は説経や談議などと同義に用いられるようになった。

ところで、『今昔物語集』の先駆的研究を行なった片寄正義氏は、『今昔』の説話と一致する話が唱導に利用されている事実を指摘するとともに、唱導教化に因縁譬喩的説話がしばしば引用され、その目的に副《そ》うために説話集の形成が促されたと考えた。以後、『今昔』と唱導の関係をめぐって多くの論文が発表されたが、戦後の仏教文学研究に大きな成果をあげた永井義憲氏は、唱導僧の説経ノートのメモである説草《せつそう》にみえるのと同種の話が説話集に散見することをあげ、一度原典から離れ、舌頭にのぼって洗練されたもの、その説草の蒐集類従整理されたものが『今昔』の大部分を構成しているのであり、『今昔』説話編集には唱導の名手たちが参加したと推測している。

また興味深いのは、物詣《ものもうで》する人びとの信仰に応え、積極的に参詣者を集めるため、この時期の寺院が、参詣者に向かって語られるべき縁起を整えようとしていたことである。本尊の霊験譚を中心とする寺院ごとの霊験記が編まれるのは鎌倉時代に入ってからだが、そうした霊験譚は、この時期、それぞれの寺院によって盛んに語り広められていたと思われる。おそらく十二世紀前半ころ、貴族から民衆まで幅広い人びとに参詣を勧進する目的の本尊霊験譚が、寺院の説法の場で盛んに語り広められ、それが唱導僧たちの手控えである説草の形などで『今昔物語集』に集められたのであろう。

聖の活動と新霊場の形成

このように『今昔物語集』における一連の観音霊場参詣勧進説話の形成には、院政期に盛んになった唱導僧の活動を想定できるのだが、その背後には、この時期、全国各地の霊場・別所などを拠点に、唱導を通じて民衆に布教活動を行なう有名無名の多数の聖《ひじり》たちが存在した。

十二世紀中ごろ、四天王寺西門の別所で百万遍念仏を興行し、法皇・貴族から民衆まで広範な人びとの熱狂的帰依を得た出雲上人円聖《いずもしょうにんえんしょう》の成功の要因は、「その説正直にあらず」「媚を衆庶に求め、法において常を失う。聖人の所為、あにしかるべけんや」と藤原頼長が『台記』で評したような、平易通俗な唱導にあった。京の雲居寺《うんごじ》を再興し、迎講《むかえこう》で知られた妻帯僧の瞻西《せんさい》も、その能弁は聴衆を感涙にむせばせるほどだったという。別所の聖たちは、民衆が多数結縁する法会で説法したり、別所維持の勧進をしたりするため、巧みな唱導を行なっていたのである。

院政期の歌謡を集めた『梁塵秘抄』は、「聖の住所《すまい》はどこどこぞ」と、聖が好んで集い住んだ別所の名を列挙しており、そこに箕面《みのお》・勝尾《かちお》・書写山《しょしゃざん》・熊野那智・粉河など、多くの観音霊場が含まれているのは興味深い。しかも院政期の「聖の住所」は、こうした著名な霊場に限らない。「山寺行ふ聖こそ、あはれに尊きものはあれ」「春の焼野に菜をつめば、窟《いわや》に聖こそ坐《おわ》すなれ」と『梁塵秘抄』に歌われるように、無名の山寺や岩窟にも教団を離れた聖たちが住みつき修行していたのであり、そうした山寺や岩窟も、聖が名声を得るとともに、新たな霊場として人びとの参詣を集める。後の西国三十三所観音霊場には、こうして形成され、聖の奇瑞を求めて人びとが参詣結縁した「聖の住所」が多い。古くは空也の六波羅蜜寺、皮聖行円《ぎょうえん》の行願寺《ぎょうがんじ》（革堂《こうどう》）をはじめ、性空《しょうくう》聖が開いた書写山円教寺、天台を去った源算上人が開いた善峰《よしみね》別所、あるいは摂津中山寺、播磨《はりま》新清水《しんきよみず》寺、丹後成相《なりあい》（合）寺、竹生《ちくぶ》島など、その一例である。

また伝統ある古来の観音霊場でも、聖の活動によって新しい霊場が内部に形成される。熊野那智の観音信仰は、もともと那智の滝の本地仏千手観音を本尊とするが、後にのべるように『覚忠巡礼記』などに記す三十三所一番霊場としての本尊は、羅形《らぎょう》上人が願主と伝える如意輪観音像である。『中右記』の筆者として知られる藤原宗忠は、白河院政期の天仁二年（一一〇九）十月、宿願の熊野詣をとげたが、那智山熊野権現の礼殿の堂が「如意輪験所」とされており、住僧は宗忠ら参詣人に、如意輪が「大験仏」である由来を説いたという。宗忠は、これを拝した翌日、滝殿に登り、千手堂にも参詣している。礼殿は参詣人が熊野権現に祈念し通夜参籠する礼拝堂だから、そこに安置された如意輪観音の大験力を蒙り、これを新しく「験所」に発展させたのは、熊野詣の聖ら巡礼者であったろうと、戸田芳実氏が興味深い指摘をしている。古来の観音霊山の内部で、聖の活動・唱導によって、新たな諸人参詣の観音霊場が形成され、三十三所札所へと発展していく例である。もとより三十三所以外でも、院政期に「聖の住所」として名声を得た観音霊場は少なくない。伊賀聖道寂《どうじゃく》の眉間《まゆま》寺、香聖・万灯聖が住んだ大和鳴河寺（善根寺）、三滝聖人西念の大悲山峰定《ぶじょう》寺、讃岐補陀落山志度《しど》寺などは、そうした霊場の代表である。

これら新旧さまざまの霊場に住む聖たちは、巧みな唱導の一方、厳しい修行による験力で広く人びとに尊崇されたが、その修行は、「聖の住所」である各地の霊場をめぐって行なうことが多かった。『今昔物語集』が、「諸ノ国々ノ霊験所ヲ廻リ行ヒテ、住所ヲ定タルコトナクシテ修行」する良賢という僧が、法空聖人の住む洞窟に寄宿する話を記しているのをはじめ、摂関末期から院政期の験記や往生伝には、「霊験所に往き詣で難行苦行」する聖・修験者の説話がいくつもみえる。こうした聖の修験的霊場めぐりが、当時「巡礼」とよばれたのである。たとえば十一世紀中ごろ成立した『法華験記』によれば、法空聖人は「二荒（日光）、慈光など東国の諸山を巡礼」し、蓮長法師は熊野・志賀・長谷など「日本国中の一切霊所を巡礼せざるなく」、道命《どうみょう》阿闍梨は「処々の霊験勝地を巡礼」したという。すでにのべた各地の観音霊場における「聖の住所」としての性格と、こうした聖の巡礼の風潮を合せてみれば、いわゆる西国三十三所巡礼が、聖たちの修験的霊場巡礼の発展として形成されたことは、疑いないであろう。

三十三所巡礼の起源

西国三十三所巡礼の起源について、室町時代に京都五山の禅僧が書いた『竹居清事《ちくきょせいじ》』や『天陰語録《てんいんごろく》』は、十世紀の花山《かざん》法皇にはじまるとしている。しかし、花山法皇が書写山や熊野など観音霊場に参詣したのは事実だが、三十三所巡礼を行なったことを傍証する同時代の史料はない。三十三所の中には法皇没後にできた霊場もあるから、法皇の西国三十三所巡礼は史実としては信じられない。おそらく、藤原氏の陰謀で出家退位し、高貴の身でありながら難行苦行した「流離する貴種」としての花山法皇を西国巡礼の先達《せんだつ》とする伝承は、三十三度行者のような後世の職業的巡礼者集団によって形成され広まっていったのであろう（一五七ページ参照）。

つぎに、一二二〇～三〇年代に成立したと思われる、寺門すなわち三井寺（園城寺）の僧侶の伝記を集めた『寺門高僧記』の行尊《ぎょうそん》伝と覚忠《かくちゅう》伝に、それぞれ異なる「三十三所巡礼記」が収められている。

覚忠（一一一八～一一七七）は、九条兼実と慈円の異母兄弟で、五代の天皇の護持僧をつとめた名僧だが、『寺門高僧記』覚忠伝は、「応保元年（一一六一）正月、三十三所巡礼す。すなわちこれを記す」と明記した上で、「一番、紀伊国那智山、……本尊如意輪、……願主羅形《らぎょう》上人」に始まり、「卅三番、山城国御室戸《みむろと》山、……三井寺末寺」に終わる、順路は異なるが今日の西国札所と同一の三十三の霊場を列記し、「三十三所巡礼、日数七十五日」と結ぶ「巡礼記」を収めている（一六三ページの

「西国三十三所一覧」参照）。

『寺門高僧記』の成立より早く、覚忠の没後十年にあたる文治三年（一一八七）に撰上された『千《せん》載《ざい》和歌集』釈教部には、「三十三所観音をがみ奉らんとて所々詣り侍りける時、僧大僧正覚忠」として、十九番の美濃谷汲《たにぐみ》寺と三十二番の穴穂《あのう》（穴太）寺の観音をよんだ歌が収められているから、覚忠が「巡礼記」に記す三十三所を巡礼したことは疑いない。

熊野の観音信仰と三井寺修験

覚忠の三十三所巡礼の一番霊場である那智山の如意輪験所が、白河院政期ころ聖の活動を背景に形成されたことは前にのべたが、覚忠がこの地を巡礼の出発点とした背景には、三井寺修験と熊野の深い関係がある。

重畳たる山岳とうっそうとした山林につつまれた熊野は、古くから死霊がやどり、他界と通じる地とされていた。しかも那智では、わが国最古の変化観音像である白鳳期の十一面観音像が出土したように、早くから観音信仰が形成されていた。院政期には、貴族の願文に「熊野権現は弥陀・観音の垂《すい》跡《じゃく》」と記されたように阿弥陀信仰と重層し、さらに独自の補陀落信仰を発達させた。

善財童子が南方に遊行して観音に会ったという補陀落山は、もともとインドの南海岸の観音霊場であったとされるが（三七ページ参照）、観音信仰の広まりとともにチベットや中国でもそれぞれ補陀落山が想定された。日本の場合、日光二荒《ふだら》山、あるいは室戸崎や足摺岬の南方海上に求められた例もあるが、熊野那智がことに有名である。古来の観音霊場で南海に面する地理的条件と、他界と通じる神秘の地の民俗的信仰が、海上他界観としての補陀落信仰を生み、那智から舟出して生身の観音に会おうという補陀落渡海を実行させた。

那智からの補陀落渡海は、伝説的なものは別として、藤原頼長が『台記』に記した話などをみると、院政初期から修験聖の活躍を背景にはじまったようである。なかでも有名なのは、『吾妻鏡』にみえる天福元年（一二三三）の下河辺行秀《しもこうべゆきひで》の渡海である。源頼朝が那須野に狩したとき、射の名手行秀は、頼朝の面前で不覚にも大鹿を射損じた。深く恥じた行秀は、そのまま逐電して熊野に入り、智定房《ちじょうぼう》と号して修行に励んだ末、補陀落渡海を決意した。出発に際し、在俗のころから出家遁世の後のことまで悉《つぶさ》にしたためて旧友の北条泰時に送ったが、その心底を思い、聞く人びとはすべて感涙にむせんだ。行秀は舟に乗り屋形に入ると、二度と出られぬように外から釘で打ちつけさせた。屋形には窓一つなく、ただ灯火をたよりとする。三十日分の食物と灯油を用意した行秀は、那智浦からはるか南海へ去って行ったという。

補陀落渡海の問題については、豊島修氏の『死の国・熊野』（講談社現代新書）に詳しいので参照されたい。こうした熊野信仰の高まりとともに、院政期には上皇の熊野詣がくりかえし行なわれた。寛治四年（一〇九〇）、白河上皇が熊野詣をした際、熊野に詣でること十三度という三井寺の大験者増誉《ぞうよ》が案内役となり、その功によって熊野三山検校《くまのさんざんけんぎょう》に任じられ、以後三山検校職は寺門長吏が相承して、三井寺と熊野修験の間に密接な関係ができるのである。一番霊場那智如意輪験所の形成も、三井寺系の聖によるものだったかもしれない。また三十三番結願霊場の御室戸《みむろと》も、増誉と同じころの三井寺僧隆明《りゅうめい》が中興して以来、三井寺末寺であり、覚忠自身、十一世紀中ごろには御室戸に住んでいた。つまり熊野那智にはじまり御室戸に終わる順路が、三井寺、ことに覚忠と深い関係にあることは明らかで、この点からも覚忠の三十三所巡礼は、忠実として信じてよいと思われるのである。

観音巡礼の流行と三十三所巡礼

ではもう一つの、行尊（一〇五五～一一三五）の伝記に収められている「巡礼記」の信憑性はどうであろうか。この文書は、「観音霊所三十三所巡礼記日数百廿日」と題して、三十三の霊場の所在地・本尊・願主などを列記している。霊場は覚忠の「巡礼記」の三十三所と同じだが、長谷寺を一番、御室戸を三十三番としており、順路が異なっている（一六三ページの「西国三十三所一覧」参照）。戦前からの研究では、この「巡礼記」を行尊の真撰と考え、西国三十三所巡礼は行尊によってはじめられたと一般にいわれていた。

しかし、この「巡礼記」は、覚忠の場合のような巡礼の年次の記載がなく行尊伝の中に唐突に挿入されているうえ、この他には、覚忠の場合の『千載集』のような、行尊の三十三所巡礼を傍証する史料は全くない。ことに不審なのは、この「巡礼記」が、二十五番霊場観音寺の所在を説明するのに、「新熊野《いまくまの》の奥」と記している点である。観音寺は弘仁年間創建と伝えられる古い観音霊場だが、新熊野とは、後白河上皇が永暦元年（一一六〇）に熊野三所権現をこの地に勧請した社名である。行尊当時、新熊野はまだ勧請されていなかったのだから、かれが観音寺の所在を説明するのに「新熊野の奥」と記すことはあり得ない。こうした理由から私は、かつて『観音信仰』（塙選書）において、この「巡礼記」を行尊真撰とするのは疑問であり、行尊の三十三所巡礼は歴史的事実ではなく、後世になって三井寺の僧などが、修験者として有名な行尊に仮託したのであろう、とのべた。

これに対して近年、吉井敏幸氏は、行尊「巡礼記」の信憑性を主張し、摂関末期の行尊の時に長谷寺を一番札所とする三十三所巡礼がはじまったが、院政期の熊野信仰の高まり、ことに院の熊野詣に影響されて、覚忠のときには新たに那智を一番札所とする巡礼も行なわれるようになったので、鎌倉時代には両方の巡礼が並存していたとの説を発表した。

氏の論旨のうち、新熊野に関する部分など、「巡礼記」の行尊真撰説には納得しがたいが、行尊「巡礼記」の霊場の順序と一致する鎌倉時代の「三十三所観音曼荼羅図」や「観音三十三所日記」の存在の指摘は注目される。栂尾《とがのお》高山寺《こうざんじ》に伝わる鎌倉初期承元五年（一二一一）の「観音三十三所日記」は、かつて戸田芳実氏もふれているが、「長谷寺僧正御房」の本を手本にして、国別に三十三所の寺院名と本尊を列記した覚え書である。その順序は、長谷寺を最初においた「大和四所」をはじめとして、紀伊・和泉・河内・摂津・播磨と、行尊伝と同じ順に諸国を配列している。長谷寺流とでもよぶべきこの巡礼ルートが、吉井氏のいうように覚忠の熊野那智流の巡礼ルートに先んじて十一世紀末に成立したかどうかは、なお慎重に検討しなければならないと思うが、少なくも鎌倉初期に那智にはじまる巡礼ルートと並存していたことは疑いない。

院政期に、修験聖の諸国巡礼が盛んであったことはすでにのべたが、覚忠が三十三所巡礼をした当時、貴族の日記をみると、京都では七観音詣などといって市内の観音霊場を巡礼するのが流行していた。あるいは「観音三十三所日記」をみると、戸田芳実氏が注目しているように、「大和四所」としながら、長谷寺・竜蓋寺（岡寺）・南法華寺（壺坂）・南円堂・御室戸の五ヵ所が記されており、大和の四所に結願所の御室戸を加えた区間巡礼が行なわれていたのではないかと想像される。

このように院政期には、無名の聖・修験者あるいは一般俗人の信者が、都や諸国で便宜に従ってさまざまの観音巡礼をしていたのである。おそらく覚忠は、こうした風潮を背景に、京都・畿内周辺の観音霊場のうち、三井寺ないし彼個人の立場で観音三十三身にちなみ三十三の霊場を選択し巡礼したのである。言葉をかえれば、覚忠の巡礼は、長谷寺流のルートも含めて数ある巡礼の一つにすぎなかったのかもしれない。しかし熊野信仰の流行、ことに中世以後の修験道における寺門本山派の絶大な権威から、後世の修験者は那智にはじまる覚忠の巡礼を模範として尊重し、後に順路こそ変化したが、彼の選んだ三十三の霊場は、今日まで固定して続いているのである。

第五章　近世民衆の守護神

1　葬式仏教と賽の河原

葬式仏教

『太平記』の舞台となった六十年におよぶ南北朝の動乱は、古代的権威の崩壊にとどまらず、これと結びついていた寺社勢力にも大きな影響を与えた。大寺社の経済基盤である各地の荘園は、武士たちによってほしいままに侵略された。南朝の勝利による大寺社の栄光の再現を夢想して後醍醐に従った文観《もんかん》の修法は前にふれたが、同じ醍醐寺の中でも尊氏の幕下に参じて修法を行なった賢俊《けんしゅん》が現れたように、室町幕府権力への接近でこの危機をのり切ろうとする試みもみられた。しかし前代にくらべれば、寺社勢力の威信の低下は否めず、室町幕府が一応は保障した寺社の所領も、つねに守護や地方武士の侵略の危機にさらされていた。

こうして南北朝から室町時代の教団・大寺社は、社会変動期の危機の積極的克服として、貨幣流通や近世的な村（郷村《ごうそん》）の発達の下で進出してくる商工業者・有力農民、あるいは地方武士層の間に浸透することにより、底辺の拡大を図らざるを得なくなった。日本仏教が貴族や上流武士など一部支配者層にとどまらず、広く農村や都市の中に根をおろすのはこの時代だが、そうした仏教の底辺拡大＝民衆化と不可分の形で進行したのが、仏教諸派の葬式仏教化と密教化である。

荘園制が崩壊し、近世的な村が形成されはじめるにつれ、仏教諸派は、葬送の民俗を仏教儀礼として再組織し、それを中核として寺檀関係を固めるという方法で、民衆の日常生活の場に深く浸透していった。古代仏教諸派から鎌倉新仏教諸派まで、地獄の恐怖、追善の必要を強調し、十三仏事などの形成を介して地域民衆との結びつきを深めていった過程は、圭室諦成《たまむろたいじょう》氏の『葬式仏教』に詳しい。親鸞が「父母の孝養《きようよう》のためにとて、一返にても念仏申したること、いまだ候はず」と明言したにもかかわらず、浄土真宗は葬式仏教の主役の地位を占めたし、こうした葬送追善儀礼重視の傾向は、坐禅弁道を主としたはずの禅宗でも、専唱題目の日蓮宗においても、十四〜十五世紀には顕著になってくる。

葬式仏教化に加えて、かつて古代仏教の密教的祈禱宗教の面を批判して出発したはずの鎌倉新仏教諸派は、民衆の現世利益の欲求に応える形で急速に密教化していった。それは正統密教からみれば外《げ》道《どう》に類する俗信仰もとりこんだ修法の世俗化である。近世における修験山伏の民間での活動も、こうした背景で理解されるが、それについては後に改めてふれる。

十王信仰

民衆に葬送追善を勧める僧たちが好んで利用したのは、民衆の素朴な冥界への恐怖であり、これを十王信仰を媒介として、葬送追善の必要性に結びつけたのである。真宗では、十四世紀の存覚の『浄土見聞集』、十五世紀の蓮如《れんによ》の遺文、日蓮宗では、日蓮に仮託された『回向《えこう》功徳鈔』『十王讃嘆鈔』などに、十王信仰の強調がみられる。阿弥陀専修の成立によって浄土信仰としての役割がせばめられたかにみえた地蔵は、こうした仏教の民間浸透の過程で、「身代わり地蔵」など現世利益的面に加えて、民衆が畏怖する冥府の支配者として新たにクローズアップされるのである。

十王信仰とは、人は死後、順次十人の冥府の王の審判を受け、生前の功罪が裁かれるという信仰で、中国の『預修十王生七経《よしゅうじゅうおうしょうしちきょう》』（略称『十王経』）が原形だが、この信仰が日本に伝えられ発達して、『地蔵菩薩発心因縁《ほっしんいんねん》十王経』（略称『地蔵十王経』）が偽作された。

死者が冥土に行けば、死出《しで》の山を越え、まず初七日に秦広王《しんこうおう》の審判を受ける。殺生の類を推問し、鬼神が鉄杖で亡者を打ちすえる。ここで罪と行く先のきまらない亡者は、葬頭《そうず》（三途《さんず》）の河を渡って、二七日《にしち》（十四日目）に初江《しょこう》王の審判を受ける。奪衣婆《だつえば》・懸衣翁《けんえおう》という鬼がいて、亡者の衣をぬがせ、枝にかけて罪の高低を表す。ここでも行く先がきまらなければ、三七日《さんしち》に宋帝《そうたい》王の審判を受ける。悪猫が亡者の乳房を割き破り、大蛇がしめあげる。獄卒は、「なんじの邪婬の業は、この苦もなお軽し」とののしる。ここでも罪が決定しなければ、四七日《ししち》には五官《ごかん》王の審判を受ける。七つの秤《はかり》があり、これで身口《しんく》七罪の軽重をはかり、帳に記して閻魔宮に奏する。

五七日《ごしち》は、いよいよ閻魔王の審判となる。人間には同生の神があり、左神はすべての悪業を、右神はすべての善業を記録しているが、閻魔王はこの記録によって、亡者の生前の善悪を推問する。さらに浄頗梨《じょうはり》という大きな鏡があって、この鏡に亡者生前の所作、いっさいの諸業が、そのまま映し出される。この後も、六七日《ろくしち》に変成《へんじょう》王、七七日《しちしち》に太山《たいざん》王、百日で平等王、一年で都市王、三年で五道転輪《ごどうてんりん》王の審判を受け、あるものは成仏し、あるものは人・天へ、そしてあるものは地獄へと送られる。

閻魔と地蔵

十王の名称は、もともと中国で道教思想の影響の下に考え出されたらしいが、日本偽作の『地蔵十王経』は、これら十王のそれぞれに、不動・釈迦・文殊・普賢・地蔵・弥勒・薬師・観音・阿閦《あしゅく》・阿弥陀を本地仏として配した。『十王讃嘆鈔』は、これら仏・菩薩が凡夫を導く方便として、柔和忍辱の形を隠し、かりに極悪忿怒の姿を現したのが十王だと説明しているが、これによれば五七日、つまり死後三十五日目の審判を司る閻魔王は、地蔵菩薩の仮りの姿ということになる。

地蔵が地獄で変化《へんげ》し閻羅《えんら》王（閻魔・焔摩）になることは『十輪経』ですでに説かれ、『日本霊異記』はこれを受けて、「われは閻羅王、汝の国には地蔵菩薩と称する、これなり」と説話の中でのべている。閻魔を冥官を代表する地獄の支配者とする記述が『往生要集』に現れる一方、平安末期の密教系の書物では閻魔地蔵一体説が盛んに説かれており、こうした流れに立って、中世の十王信仰では、地獄の支配者閻魔の本地を地蔵としたのである。

『地蔵十王経』によれば、閻魔王は浄頗梨の鏡で、亡者の生前の善悪を映し出すが、『十王讃嘆鈔』などは、この鏡に遺族の追善もつぎつぎと映し出されるとした。「しよせん亡者の浮沈は、追善の有無によるなり。これらの理《ことわり》を想《おも》ひて、自身も信心をもよほし、六親《ろくしん》をも回向《えこう》あるべし。なかにも閻魔大王の御前にして大苦を受くるゆえ、三十五日の追善、肝腎なり。このみぎりに善根をなせば、ことごとく鏡面にうつるとき、大王をはじめとして、もろもろの冥官らも随喜したまふなり」と、三十五日目の追善が特に大切だと説かれる。そして十王の裁断に苦しむ亡者を救うのは、閻魔の本地の地蔵菩薩に他ならず、「極悪罪人の海、よく渡し導くものなし。地蔵の願船に乗らば、必定して彼岸に到る」というのが、『地蔵十王経』の結論である。

こうして仏教諸派の葬式仏教化の過程で、地蔵は生前の罪悪を裁断する恐るべき閻魔の本身であり、地獄の鬼から亡者を守る慈悲の菩薩として民衆の心をとらえ、阿弥陀浄土教隆盛の下でも、現世利益だけでなく来世救済の菩薩としての面も色濃く保ち、もっとも親しみ深い菩薩となったのである。

賽の河原

民衆にとってもっとも親しい存在となった地蔵は、中世後期から近世にかけ、さまざまの民俗信仰と習合し、本来の経説の枠を越えた独特の信仰を形成する。いわば地蔵信仰の民俗信仰化だが、その際、地蔵を子供の守護神とするなど、地蔵と子供を結びつけた信仰形態が、特徴的に認められる。

地蔵が子供の守護神であるという信仰を代表するのは、西院《さい》（＝賽）の河原の物語であろう。真鍋広済氏の詳細な研究によれば、賽の河原が初めて現れるのは、室町時代の御伽草子《おとぎぞうし》である。たとえば『富士の人穴《ひとあな》草子』は、源頼家の命令で富士の人穴探検に行った和田義直が六道めぐりをする話だが、その中に、

まず賽の河原を見せんとて立ち給ふ。ここに河原あり。この河原に二つ三つ七つ八つ十二十三の幼なきものどもが、幾千万とも数しらず並居《なみい》たり。かの河原に幼きものが石塔を組みあげて置けば、悪風出《い》でて吹き散らす。それを集めて積まん積まんとする所に、かたはらより火炎出て、石も河原も炎に燃へければ、幼きものども、炎の苦患《くげん》の悲しみ、逃げんとすれども逃げもやられず。父よ母よと叫べども、その甲斐《かい》もなかりけり。さて炎に燃えて白骨となる。ややはるばる有りて、地蔵菩薩は錫杖をもつて、かきよせかきよせて、文《もん》にいはく、「現在未来衆《げんざいみらいしゅ》、白骨慇懃附嘱《はっこつおんごんふぞく》、如《によ》来《らい》一言《いちごん》、不定堕在諸悪道《ふじょうだざいしょあくどう》」と、この文を称へ給へば、元の形になりにけり。

というくだりがある。こうした室町期の物語から、今日のわれわれにも親しい『西院川原《さいのかわら》地蔵和讃』が、近世初期に形成される。

いわゆる賽の河原の和讃は、空也上人の作などに擬され、長短十二編におよぶという。比較的短く、おそらく初期の和讃と思われるものは、

帰命頂礼《きみょうちょうらい》地蔵尊　物の哀れのその中に

西の河原の物語　……
十より内の幼な子が　広き河原に集りて
父を尋ねて立ちまはり　母を焦がれて歎きぬる
あまり心の悲しさに　石を集めて塔を組む
一重《ひとえ》積んでは父を呼び　二重《ふたえ》積んでは母恋し
………
しばし泣き居《い》る有様を　地蔵菩薩の御覧《ごろう》じて
汝が親は娑婆《しゃば》にあり　今より後はわれをみな
父とも母とも思ふべし　深く哀れみ給ふゆゑ
大悲の地蔵にすがりつつ　我も我もと集りて
泣く泣く眠るばかりなり

といったもので、これが長文になると、地獄の鬼が現れて鉄棒で石塔を打ち崩し、地蔵が法衣に子供たちを隠す、といった内容も加わってくる。真鍋氏は、こうした和讃の成立を江戸初期から宝永・享保のころ、大部分は十八世紀前半の作と考えているが、いずれにせよ中世後期から近世初期にかけて、夭折した子供たちの霊は、三途の川の手前にあるともいう賽の河原に集まり、地蔵がそれを守護するとの信仰が形成されたのである。

地蔵と道祖神《どうそじん》

賽の河原とはなにか。平安時代に百姓葬送の地であった佐比《さい》の河原の転訛とする江戸時代の学者の説もあるが、近年では、塞《さえ》の神ともよばれる道祖神の信仰から出たとする、民俗学の説が有力である。たとえば柳田国男氏の『石神問答』や『賽の河原の話』によると、箱根はじめ全国各地にある賽の河原とは、村の境や山の峠に道祖神を祀り、そこを通る人が神のため石を積んだのが起こりで、仏教とは直接関係のない民俗信仰だという。地蔵を村境・路傍・四辻などに祀ることが多く、地蔵は道祖神の本地とされるが、縁結びや子供の運を定めるのはもともと道祖神の管轄で、賽の河原は道祖神の祭場と根源は一つだと氏は結論している。

また和歌森太郎氏は、地蔵は冥界六道で迷えるものを導き、現実界にもどす働きが重視されているので、幽明の境の菩薩として受けとられ、連想的に現実の境を守るものとされ、塞の神の道祖神と容易に習合したのだろうとする。愛宕の勝軍地蔵にしても、愛宕とはオタギ、すなわち急な山、勝軍は塞神の転訛で、本来は京の四方を鎮める山に祀ってあった塞神が、地蔵と結びついて観念されるようになったのだろうと、興味深い推測をしている。

ところで地蔵は、村境だけでなく、村の巷《ちまた》、十字路三叉路など人通りの多い交通路に面しても安置されるが、原田敏明氏は、これを古い時代の葬送観で説明している。つまり、古くは死者を忌んで部落から遠く離れたところに埋葬して部落の清浄を保つとともに、その供養は、公衆の場であり神聖な場所である村の巷で、部落的行事として行なわれた。そのため、これらの場所は後になっていろいろの神を勧請し奉斎する場所となり、道祖神や庚申や愛宕、多くの供養塔、そして地蔵尊が立てられるようになった。そうした場所は、部落の外の埋葬墓地と通じ、来世など神秘の世界と通じる場所でもある。ここで地蔵は、部落の外へ通じる道の案内者であるとともに、来世への案内者としての役割を果たしているというのである。

現在、箱根の賽の河原といえば、箱根旧街道の芦ノ湖沿いの一帯をさす。しかしこれは江戸初期に、それまでの湯坂道沿いにあった地蔵霊場（元《もと》賽の河原）を移したものである。元賽の河原は、湯坂道の箱根越えでもっとも高い二子山と駒ケ岳の山間部の精進ケ池に沿った一帯で、像高三・二メートルの六道地蔵はじめ地蔵を主体とする多くの磨崖仏が道の両側に群在する。近年行なわれた箱根町と東海大学の合同調査報告書によれば、地蔵像銘文の年紀でもっとも古いのは永仁《えいにん》元年（一二九三）であり、中心となる六道地蔵は正安《しようあん》二年（一三〇〇）に鎌倉極楽寺忍性《にんしよう》を導師として供養したと記す。「地蔵講結縁衆」「六道地蔵結縁衆」などの語も銘文にみえ、鎌倉時代の東国の地蔵信仰集団によって造られたことがわかる。

このあたりは湯坂道中最大の荒涼たる難所で、弘安三年（一二八〇）、京から鎌倉に下向した飛鳥《あすか》井雅有《いまさあり》の『春のみやまじ』には、箱根山の地獄とされ、死人が行きかう旅人に会って故郷への言付《ことづ》けをする所と記されている。京・鎌倉を結ぶ交通の要衝で、精進ケ池に面した荒涼たるこの地が、冥界に通じて亡霊の出没する山中地獄と観念されて、六道地蔵を中心とする民衆の地蔵霊場となったことは興味深い。

子供と地蔵

この山中地獄の地蔵霊場が賽の河原と俗称されるようになったのは、いつのことだろうか。賽の河原の初見として前述した『富士の人穴草子』をみると、地獄奉行《じごくぶぎょう》の第一として、この地を擬人化したらしい「箱根」をあげている。こうした物語の影響もあって室町以後、箱根の地蔵霊場は賽の河原とよばれるようになったと思われるが、このように室町時代になって賽の河原の信仰が起こる背景には、この時代に幼児の死についての観念の変化があったことも無視できない。

圭室諦成氏の『葬式仏教』によると、中世の初めまでは、貴族社会でも、七歳くらいまでの子供が死んだ場合、仏事を行なわず遺体を山野や河に棄てるのが通例だった。しかし葬式仏教が発達する室町時代の十五世紀ころになると、童子・童女の位牌が現れはじめ、幼児についても大人に準じて追善すべきだとの観念がしだいに生じてくる。こうした幼児の死についての関心の高まりの下に、夭折し追善を受けなかった子供たちの賽の河原の物語が生まれるというのである。

ただその場合、そうした迷える子供たちを守護するものとして、なぜ特に地蔵が登場するのだろうか。地蔵を道祖神との関係でとらえる場合、道祖神は子供を管理する神とされたという説はすでにふれたが、死んだ幼児は無縁仏として村境や墓地の入口にまとめて葬られることが多かったので、境の神である地蔵の下に集まると考えられたのだろうともいわれる。それと同時に、もともと地蔵が少年の姿を借りて現れるとの信仰が、古来いちじるしいことも注意すべきだろう。『今昔物語集』の地蔵説話では、地蔵はほとんど例外なく、「小さき僧」「若き僧」の姿で現れる。こうした地蔵と子供の通有性が、地蔵は特に子供を守護するという観念の最大の基盤となったと思われるが、地蔵が子供の姿を借りるとは地蔵経典に記されていないし、中国の地蔵説話にもみえないから、そこになんらかの日本的な理解が潜在していると考えるべきだろう。

この点について、日本人のカミ信仰、伝統的シャマニズムとの関連で、和歌森太郎氏や桜井徳太郎氏が、興味ある仮説をのべている。神が子供の口を借りて霊託を伝えるのは、古来日本人の信仰観念としていちじるしく、そうした信仰基盤に地蔵信仰を移植する場合、霊託の媒介者としての子供と化して語りかけ行動する地蔵が説話において求められたであろうというのである。東北の農村などでは、老婆や主婦が御幣を持たせた子供に地蔵霊をつけて病気や紛失物の解決を問う「地蔵つけ」が、大正年間まで行なわれていた。成人婦女が子供に地蔵霊を憑依させる「地蔵つけ」について、地蔵の現当二世の利益を地域民衆に説こうとする聖《ひじり》・山伏が、民間の家刀自《いえとじ》や巫女が従来行なっていた神をのり移らせる神託方式と習合する形の布教を行なった結果生まれた形態であろうと、桜井氏は推測している。

いずれにせよ子供と地蔵の密接な関係は、地蔵盆の習俗や水子地蔵の信仰などの形でも今日に生きており、こうした日本の地蔵信仰の特質の解明には、仏教教理の面だけではなく、民俗学的アプローチが必要であろう。

2　三十三所巡礼の民衆化

西国巡礼の民衆化

十二世紀後半に行なわれた覚忠の三十三所巡礼は、その「巡礼記」によれば七十五日を費したという。「行尊伝」に収める長谷寺流の「巡礼記」に至っては、日数百二十日とある。当然のことだが、このように長期の修験的な巡礼に一般民衆が参加するのは困難だった。十四世紀末の『太平記』の一節に、山伏姿に身をやつした護良親王の一行が、「われわれは三重の滝に七日間打たれ、那智に千日籠って、三十三所巡礼のため参上した山伏だ」といって里人たちを信用させる話があるが（一一五ページ参照）、そのころになっても三十三所巡礼といえば、山伏など修験者が行なう難行苦行の典型と考えられていたのである。

ところが、こうした三十三所巡礼の性格は、室町時代の十五世紀中ごろになって大きく変化した。京都五山の僧慧鳳《えほう》の『竹居清事《ちくきょせいじ》』は、永享《えいきょう》のころ（一四二九～四〇）になって、巡礼の人びとが道にあいつぐようになったと記し、同じく竜沢《りゅうたく》の『天陰語録《てんいんごろく》』も、「巡礼の人びとは村にあふれ里に満ち、みな背に布をはって、三十三所巡礼某国某里と書いている。巡礼は花山法皇にはじまるというが、今年明応《めいおう》八年（一四九九）になって、ますます盛んである」と記している。また同じころの寿桂《じゆけい》（?〜一五三三）の『幻雲稿《げんうんこう》』には、「武士や庶民で仏に帰依するものは、一度でも三十三所巡礼を行なわなければ、一生の恥としている」とある。これら五山の僧の記述から、いままでの修験山伏中心の三十三所巡礼が変化して、武士や庶民が参加する、巡礼の民衆化とでもいうべき現象が起こってきたことがうかがえる。

近衛政家の『後法興院記《ごほうこういんき》』によると、明応七年（一四九八）五月、鬼が現れて子供を捕らえて食うといううわさが京都に流れた。ところが、男の子も女の子も巡礼の服装をして三十三所の一つ清水寺に参詣すれば難はまぬがれるとの託宣があり、京の人びとは争って巡礼の姿で清水寺に詣ったという。ここにも、当時、三十三所巡礼やその服装が、民衆に親しいものとなっていたことがうかがえよう。

十二世紀の覚忠の「巡礼記」が、那智にはじまり御室戸に終わる順路で、行尊伝に収められた「巡礼記」の順路が、長谷にはじまり御室戸に終わっていることは、すでにのべた。前者は三井寺ことに覚忠にとって都合のよい順路であったろうし、後者は摂関時代以来盛んな長谷寺信仰と関係したと思われる。しかし今日の三十三所巡礼では、霊場は変わっていないが、順路は京や畿内の人よりも東国からの巡礼に便利な、那智にはじまり谷汲《たにぐみ》に終わる順路になっている。つまり、東国から伊勢神宮に参詣したのち熊野に入り、那智青岸渡寺《せいがんとじ》を出発し、紀伊・和泉・河内・奈良から、醍醐・石山・三井寺を経て京に入り、丹波・摂津・播磨・丹後・若狭から近江に出て美濃谷汲寺に至り、ここから中山《なかせん》道《どう》または東海道を通って東国にもどるという順路である（一六二〜一六三ページ「西国三十三所地図」「西国三十三所一覧」参照）。享徳《きようとく》三年（一四五四）の序文のある飯尾永祥《いのうえいしよう》の『撮壌集《さつじようしゆう》』が、この順路の三十三所をあげており、また前記『天陰語録』も、三十三所巡礼は「南紀《なんき》の那智に始り東濃《とうのう》の谷汲に終る」と記しているから、おそらく十五世紀後半には、現行札所の順序と一致するこの順路が固定したと思われる。

また、巡礼というと、だれもが思いうかべるのは、哀愁を帯びた巡礼歌であろう。巡礼歌は、修験的な巡礼が変化し民衆が参加するようになって生まれたのだろうが、「故郷《ふるさと》をはるばるここに紀三井《きみい》寺《でら》、花の都も近くなるらむ」「あなたふと、導きたまへ観音寺、遠き国より運ぶ歩みを」といった、紀三井寺や近江観音寺の歌詞は、京や畿内の人よりも、遠い東国からはるばる巡礼に来た人の歌とみて実感が湧く。巡礼歌の歌体は十六世紀初めの『閑吟集《かんぎんしゆう》』に似ており、その前後に成立したと考えられるから、三十三所が東国人に便利な現在の順路に固定して遠からぬころ、やはり東国人によって歌われはじめたのかもしれない。巡礼の際に寺院に納められたり堂に打ちつけられる巡礼札には、奉納願文、参詣年月日、氏名、出身地などが記されることが多く、巡礼の具体相がわかる。新城常三氏の調査によると、現在知られる最古の西国巡礼札は、応永十九年（一四一二）の奥州出身者のもので、以後十六世紀中ごろの天文年間まで、名前または住所の明らかな中世の巡礼札は七十枚近くあるが、近畿以東の東国出身者が多数を占めるという。

ところで覚忠の「巡礼記」はじめ初期の史料では、西国三十三所は「三十三所」と記されるだけで、特に「西国」の二字は加えられていない。「西国」を加えたよび方の初見は、享徳三年（一四五四）成立の『竹居清事』に「搏桑《ふそう》西州三十三所巡礼」、ついで文明十六年（一四八四）の奥州出身者の巡礼札に「西国三十三所巡礼」と記されたものである。一方、西国と並ぶ坂東三十三所の場合、その成立は後述のように天福二年（一二三四）以前と考えられるが、「坂東」の二字が加えられるのは西国のそれとほぼ同時期で、「第一秩父巡礼、二番坂東巡礼、三番西国巡礼」と記す「長享《ちようきよう》二年（一四八八）秩父札所番付《ばんづけ》」が最初である。

以上のように、巡礼への民衆参加、西国三十三所順路の変化、巡礼歌の成立、西国・坂東を区別する呼称の初見などが、いずれも室町中期の十五世紀後半に集中しているのは興味深い。おそらくこの時期、後述するような半僧半俗の三十三所巡礼行者、勧進聖、熊野比丘尼、修験山伏などの活動に支えられて、地侍・農民・新興の商人層など観音の利益を求める人びとの巡礼参加がはじまり、それにつれて従来の巡礼の修験的性格は変化し、多数を占める東国出身者に便利なように順路は改まり、巡礼歌や、われわれになじみ深い笈摺《おいずり》・納札《のうさつ》なども今日に近い形に定まった。しかも各地の民衆の増加によって、地域的閉鎖的な巡礼の枠が崩れて各三十三所巡礼の交流がはじまった結果、三十三所の呼称を区別する必要が生じ、「西国」「坂東」「秩父」などの名が冠されたのであろう。すなわち以上の一連の現象は、一言でいうならば、修験的巡礼の民衆化として理解できるのではあるまいか。

坂東三十三所と秩父三十四所

このように巡礼の民衆化は、三十三所霊場の拡大、すなわち坂東・秩父をはじめとする各地の三十三所霊場の形成・交流とも密接な関係をもって進行したのである。

ここで坂東三十三所の成立についてみると、福島県東白河郡都々古別《つつこわけ》神社の十一面観音像の銘に、天福二年（一二三四）、三十三所の観音霊地を修行中の僧成弁《じようべん》が、八溝《やつみぞ》山観音堂で都々古別神社の別当と知り合い、この像を造ったと記している。八溝山観音堂は現在の坂東二十一番札所八溝山日輪寺だから、この三十三所とは坂東三十三所にあたるもので、換言すれば坂東三十三所の成立は一二三四年以前に遡ることになる。

坂東三十三所が西国三十三所の影響下に形成されたことはいうまでもないが、直接には源頼朝・実朝など鎌倉将軍家の観音信仰が大きな役割を果たした。『吾妻鏡』によると、幼時を京都で過ごした頼朝は、乳母が三十三所の一つ清水寺に参籠して得た銀製の観音像をもとどりの中に入れて守り本尊としており、この観音の利益で石橋山の危機を脱し、奥州藤原氏追討の際も、阿津賀志《あつかし》山で大勝したという。

こうして頼朝一家の観音への帰依の念は深まり、建久六年（一一九五）に上洛した際、頼朝は妻の政子、娘の大姫《おおひめ》とつれだって清水寺以下の京都の観音霊場を巡礼している。大姫は、はじめ木曾義仲の子義高と政略結婚させられたが、頼朝と義仲の争いの犠牲となって義高が殺されたことを悲しみ、病に伏す日が多かった。その病回復の祈禱は、後に坂東一番札所となる大蔵杉本《おおくらすぎもと》坊、二番札所となる岩殿《いわどの》寺などの観音霊場で修され、頼朝・政子・大姫は、しばしば参詣した。こうした鎌倉における将軍家の観音霊場信仰に、上京した頼朝一家が見聞したであろう京の七観音詣や西国の三十三所巡礼の風潮が重層し、坂東巡礼の基礎ができたのである。三十三所巡礼の成立に重要な役割を果たした修験の中心三井寺と源氏が親密な関係にあったことも無視できない。

鎌倉の観音霊場への参詣は、京文化にあこがれる三代将軍実朝（一二〇三〜一二一九在職）の下で、いっそう盛んになった。実朝は将軍職についた翌年、霊夢によって岩殿観音堂に参詣し、従う御家人は雲霞のようであったという。以後も実朝は、岩殿・杉本などの霊場に、御家人を従えてたびたび参詣している。鶴岡静夫氏は、坂東三十三所の原形は実朝の時代にできたのではないかと推測しているが、前述のようにその成立が一二三四年以前とすれば、ほぼ信ずべき説といえる。

しかし、こうした成立事情からも当然だが、当初の坂東巡礼は、修験者・僧侶、一部の武士に限られていたらしい。都々古別神社の観音像銘文に記される巡礼者も修験的僧侶である。民衆が坂東巡礼に参加するようになるのは、足利鑁阿《ばんな》寺に残る巡礼札をみると十五世紀後半以後で、それは前述した西国巡礼の民衆化の時期に一致するといえる。

東国で坂東札所と並ぶ秩父札所について、埼玉県般若山法性寺《はんにゃさんほうしょうじ》の「長享《ちょうきょう》二年（一四八八）秩父札所番付《ばんづけ》」は、定林寺《じょうりんじ》から水込《みずくぐり》（潜）寺までの三十三所を列記し、性空《しょうくう》上人が「第一秩父巡礼、二番坂東巡礼、三番西国巡礼」と定めたと記している。十世紀の性空上人がはじめたとは論外だが、秩父札所の成立が一四八八年以前まで遡ることは明らかである。おそらく秩父巡礼は、十五世紀の坂東巡礼の民衆化に刺激されて成立したのであろう。

秩父巡礼の場合、長享二年の番付でも坂東・西国巡礼と併記して霊験が勝れていることを強調しているように、当初から坂東・西国札所を意識し、その一体化をめざしていた。秩父札所が当初三十三所であったことは長享二年の番付でわかるが、十六世紀の中ごろには「西国坂東秩父百所巡礼」と記した巡礼札が現れ、現在の二番札所大棚《おおたな》真福寺を加えた三十四所に変化したようである（一六五ページ「秩父三十四所一覧」参照）。後発の秩父霊場は、観音信仰本来の三十三の数字を三十四に改めても西国・坂東との一体性を強調することで、その地方性を脱し、巡礼者を集めるのに成功したのであった。

中世的巡礼から近世的巡礼へ

私は十五世紀中ごろを境に、巡礼への民衆参加が顕著になるとのべたが、その場合、一般民衆だけでの巡礼は可能だったのだろうか。かれらを導いてくれる先達《せんだつ》の存在が必要だったのではなかろうか。この点については、近年の吉井敏幸氏や小嶋博巳氏の研究が注目される。

吉井氏は、中世の三十三所巡礼を支えた集団として、巡礼を専門に行なう半僧半俗の三十三所巡礼行者《ぎょうじゃ》、修行の一つとして巡礼を行なう修験者山伏、熊野比丘尼《びくに》、勧進聖《かんじんひじり》などを想定し、その周辺にかれらに導かれて同道していった一般民衆がいたととらえている。かれらの多くは半僧半俗で寺院の法会にも参加できないような、寺院内では身分の低い集団だったが、かれらの集めた願物で堂舎修理や灯明料を維持する役目を負い、民衆への勧進活動を行ない巡礼者の先達となるなど、三十三所を支えるうえで大きな役割を果たしていたらしい。

唱導僧による観音霊場への参詣勧進が十二世紀ころから活発になることはすでにのべたが、中世の観音霊場では、三十三所霊場であることを「縁起」や「勧進状」で強調し、奉納を勧進した。早くも徳治三年（一三〇八）の『松尾寺縁起』は、丹波松尾寺が本尊馬頭観音を安置する本堂造営のため都や地方の僧俗に勧進する目的のもので、その中で「松尾寺は三十三所に加わり三百余年たっている」と霊場の由緒を強調している。三百余年とは花山法皇の巡礼開創伝説から起算した年数であろうか。松尾寺はもっとも古い例で、吉井氏によれば、三十三所霊場として堂舎復興などの勧進内容を記す「縁起」の類で現存するものは、松尾寺を除けば、紀三井寺・播磨清水寺など、いずれも十五世紀中期以後の作という。前記の勧進聖集団は、こうした「縁起」「勧進状」の類をもって諸国に勧進活動をしたのであり、現存する「縁起」「勧進状」が多く十五世紀中期以後の作であることは、かれらを先達とする民衆の巡礼参加が盛んになる時期との一致において興味深い。

ところが、このように三十三所の信仰と経済を支えていた各寺院の勧進聖集団は、近世（江戸時代）

初期の寛文～元禄のころ（十七世紀後半）、急速に衰退していった。それは、江戸幕府が「寺院法度《はっと》」などによって寺院統制を厳しくし、行人《ぎょうにん》・山伏・遊行僧などを取り締まるようになったためで、勧進活動も公儀の許可を必要とすることになった。

こうした幕府の宗教政策の下で、中世的勧進聖集団は、それぞれ生きのびるための変身を余儀なくされた。熊野比丘尼は芸能者としての性格を強めていったし、室町時代に那智に定着した時宗聖《じしゅうひじり》の流れを汲み、那智阿弥の配下にあったと思われる巡礼行者も、勧進行為と熊野信仰から離れた、近世的な「三十三度行者」になる。

地方によってはサンドさんとかオセタハンと愛称され、第二次大戦後まで続いた三十三度行者については、小嶋博巳氏の『西国巡礼三十三度行者の研究』に詳しい。かれらは、元禄のころから、花山院《かざんいん》の西国巡礼草創伝説を介して公家《くげ》の花山院家と関係を深めるいくつかの組に組織統括され、組から貸与された三十三所本尊などをセタとよばれる笈《おい》に入れて背負い、巡礼路に点在する「宿」とか「檀家」とよばれる家々で開帳して、人びとを結縁させる。信者から託された位牌なども回向《えこう》する。かれらは西国霊場を三十三度まわることで満行満願となり引退すると、つぎの行者志願者がそのセタと宿＝檀家を継承して新たな三十三度巡礼をはじめるという、職業的巡礼行者である。

室町中期以後の巡礼民衆化の過程で、勧進聖集団が果たした先達としての役割の評価については、小嶋博巳氏が指摘するように、なお不明な面があるが、いずれにせよ近世初期を境に西国巡礼における勧進聖集団の衰退とともに、一般民衆は自分たちだけで巡礼をするようになる。元禄期以後の社会の安定、交通施設の整備、そして民衆の経済的向上は、巡礼の民衆化に拍車をかけ、近世的な巡礼形態が出現するのである。

江戸時代の巡礼の諸相

要するに、吉井敏幸氏に代表される近年の研究では、巡礼民衆化の画期として、従来説かれていた十五世紀後半に加えて十七世紀後半をあげ、民衆が独自に巡礼するようになったという意味で後者を重視するのであり、それは大筋において妥当な見方というべきだろう。

近世＝江戸時代の西国巡礼の動きについては、前田卓氏の『巡礼の社会学』が、現存する巡礼札の数量的処理という社会学的方法で、興味ある成果をあげている。西国三十三所のうちもっとも多くの納札が残されている第二十六番の一乗寺について年代別納札数をみると、貞享・元禄期、宝暦・明和・安永期、文化・文政期という三つの山があり、巡礼者数の急増した時期と減少・低調の時期にはっきり分れるという。山にあたる時期は、文治政治の下に社会が安定し、農業生産が向上した時代であり、逆に谷間となる時期は、天明の飢饉や幕末の動乱に代表されるように、天災・飢饉で農村が荒廃したり、社会的不安定により遠隔参詣が困難な時代である。このように農村の経済状況や交通の利便性・安全性などの条件がそのまま巡礼者の増減に反映しているところに、上層農民・町人などを主体とし、しかも信仰心だけではなく解放感を味わえる物見遊山的旅行の色彩も帯びるようになった江戸時代の巡礼の姿がうかがえるのである。

「道しるべ」「手引案内」「細見記《さいけん》」「細見指南車」「行程図」など題名はさまざまだが、内容はいずれも、笠や笈摺《おいずり》など巡礼に必要な装束、それらに墨書すべき文言の説明にはじまって、各霊場の縁起、行程のイラスト地図、巡礼にあたっての諸注意など、初心者向きの巡礼ガイドブックというべき「巡礼案内記」が多数出版されるようになったのも、こうした江戸時代における巡礼の性格変化の結果であろう。

室町時代の西国巡礼に東国出身者の多いことはすでにのべたが、前田氏の納札整理の数字をみると、江戸時代も関東を中心とする東国地域の巡礼者が多数を占めていたようである。こうした東国からの巡礼の場合、『伊勢参宮・西国順礼道中記』と題された案内記からもうかがえるように、伊勢参宮と密接に結びつき、伊勢参宮だけの例はあっても、伊勢参宮をせず西国巡礼を行なう例はないという。西国巡礼の始点と終点が当時どのように意識されていたかについては、田中智彦氏の研究が興味深い。こうした東国からの巡礼者にとって西国巡礼の出発点は一番札所の那智山ではなく、当時の絵図などをみれば、伊勢参宮を終えて那智へ向かう山田と考えられていたようである。参宮を終え宮川を渡った後に笈摺や巡礼案内記の販売所があり、ここで巡礼の準備をする。田丸から熊野街道に入って那智に向かう途中に、観音庵・千福寺という番外札所があり、巡礼を確認させるランドマークとなっている。

さて西国巡礼は三十三番札所の谷汲《たにぐみ》寺で満願となる。満願者は、ここで笈摺を脱ぎ、髪を切るという儀式を行なった。今も谷汲寺には、金剛杖・白衣・笈摺を納める笈摺堂が本堂の後にある。巡礼装束は死に装束、巡礼は象徴的な死出の旅と考えられ、これは死の世界からの再生の移行儀礼との解釈もある。巡礼者は、この後、谷汲寺の門前町で精進落しを行なったりする。しかし「案内記」の多くが、谷汲寺の後に信濃の善光寺《ぜんこうじ》を案内しているように、東国からの巡礼者の多くは、そのまま郷里に帰らず善光寺参詣に向かったようである。田中智彦氏は、極楽往生を主眼とする善光寺への信仰が、西国巡礼の滅罪信仰と結びつきを持つようになったのだろうと考えている。

二十四番札所中山寺の室町中期の縁起をみると、三十三所の霊場に一度でも参詣すれば、十悪五逆の人も悪道に堕ちず、まして三十三所を巡礼すれば極楽に生まれると説いている。江戸初期の西国巡礼札を整理してみても、父母の菩提《ぼだい》やみずからの二世安楽を願うのがほとんどだから、増大する民衆の西国巡礼を支えたものは、現当二世安楽の願い、ことに極楽往生の信仰であったと思われる。それが満願後の善光寺参詣と結びつき、また地蔵信仰についてふれた近世民衆の冥界への恐怖とも、底辺において共通しているのである。

もちろんそうした一方で、時代が下るにつれ巡礼に町人や農民の物見遊山的色彩が深まっていくことも否定できない。十八世紀の尾張藩士天野《あまの》信景《さだかげ》は随筆『塩尻《しおじり》』で、三十三所巡礼の真意は解脱を得て西方往生することにあるが、近年無智の徒は現世の福寿快楽を求めたり名山霊所の遊覧のために行なうと慨歎している。巡礼者の数について、新城常三氏は、西国巡礼の場合、江戸中後期に年間一万～二万人、これに対し秩父巡礼の場合、平年の数は不明だが秘仏の本尊が開帳される縁年《えんねん》の午歳《うまどし》には七万～八万人、安永三年（一七七四）の午歳に至っては二十万人余と推計している。坂東巡礼の場合は、西国・秩父に比し、数的には低調であったと思われる。秩父霊場が格段に多くの巡礼を集めることができたのは、百万都市江戸に近く、霊場が西国・坂東のように広範囲に点在せず狭い地域に集中しているので巡礼本来の苦行性が薄く、ことに秩父の明媚な風光が江戸町人を多数引きつけたからであろう。室町時代には秩父本位・大宮郷中心だった札所順序が江戸方面からの巡礼に便利な江戸向きというべき順序に改まったのも、江戸町人の巡礼を迎え入れようとの意図によると思われる。こうした秩父巡礼の盛行を通じて、民衆化がもたらした江戸時代の巡礼の性格変化をうかがうことができるのである。

江戸時代の巡礼の盛行、巡礼の民衆化は、西国霊場の地方版とでもいうべき多数の地方霊場を形成した。新城常三氏が精査したところによれば、坂東・秩父のように中世に起源を持つ地方霊場も十余りあるが、江戸時代に形成された地方霊場は、北は東北から南は九州まで百六十四を数え、その過半は十八世紀前半の享保年間ころまでに成立している。

これら地方霊場は、遠路や老齢・貧疾などのため西国巡礼が困難な民衆のためという僧侶などの信仰的情熱に支えられて設立されたものが多いが、領民が巡礼で他領に出ることを抑制しようとする封

西国三十三所地図

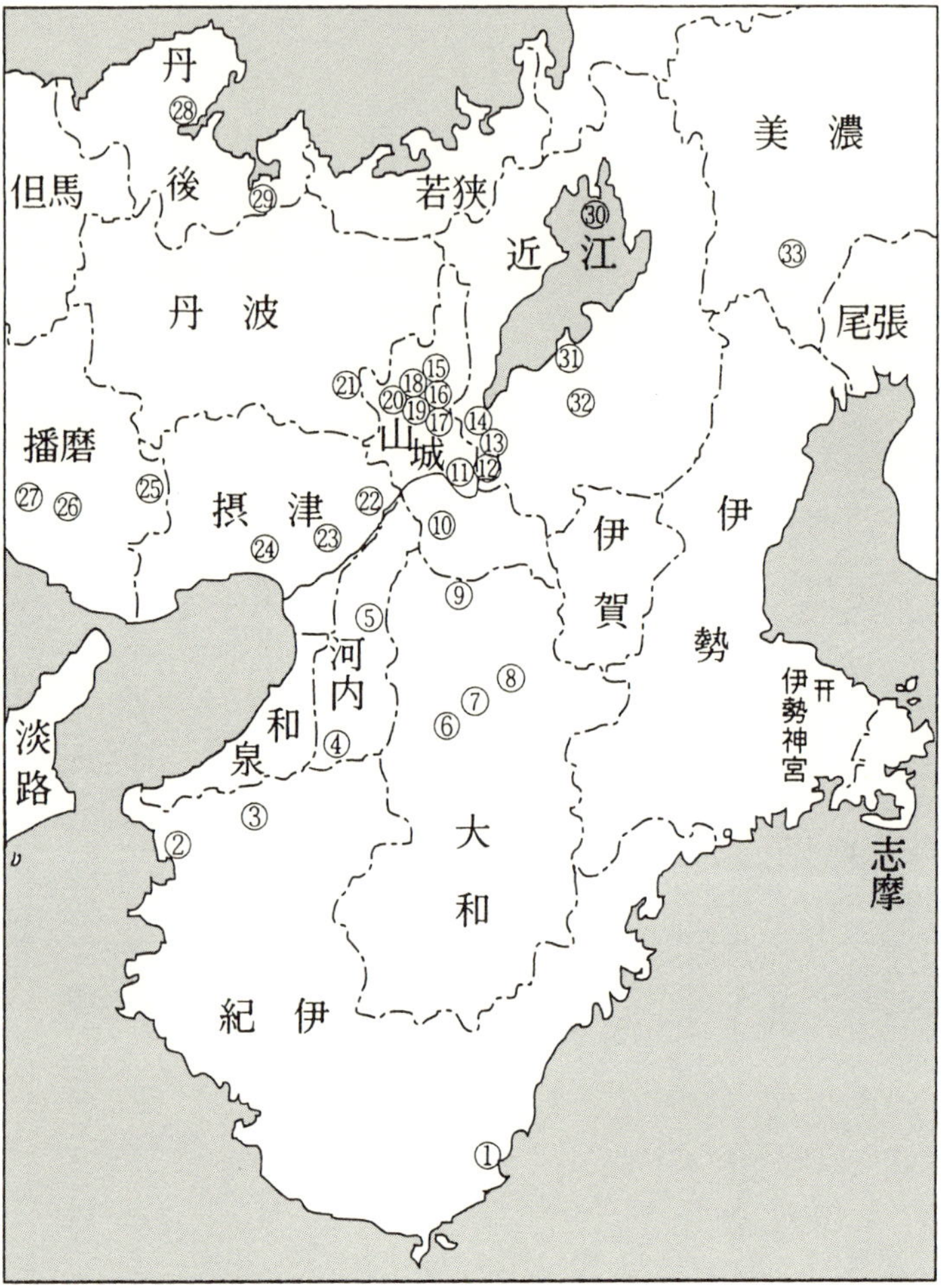

地図中の番号は現在の西国三十三所の順番。

西国三十三所一覧

	行尊巡礼記	覚忠巡礼記	現在
①	長谷寺	那智山	那智山青岸渡寺
②	竜蓋寺	金剛宝寺	紀三井寺（金剛宝寺）
③	南法華寺	粉河寺	粉河寺
④	粉河寺	南法華寺	槇尾寺（施福寺）
⑤	金剛宝寺	竜蓋寺	藤井寺（剛林寺・葛井寺）
⑥	如意輪堂（那智山）	長谷寺	壺坂寺（南法華寺）
⑦	槇尾寺	興福寺南円堂	岡寺（竜蓋寺）
⑧	剛林寺	施福寺	豊山初瀬寺（長谷寺）
⑨	総持寺	剛林寺	興福寺南円堂
⑩	勝尾寺	総持寺	三室戸寺（御室戸）
⑪	仲山寺	勝尾寺	上醍醐寺
⑫	清水寺（播磨）	仲山寺	岩間山正法寺
⑬	法華寺（播磨）	播磨清水寺	石山寺
⑭	如意輪堂（書写山）	播磨法華寺	三井寺（園城寺）
⑮	成相寺	書写山	今熊野観音寺（東山観音寺）
⑯	松尾寺	成相寺	清水寺
⑰	竹生島	松尾寺	六波羅蜜寺
⑱	谷汲寺	竹生島	六角堂頂法寺
⑲	観音正寺	谷汲	革堂行願寺
⑳	長命寺	観音正寺	西山善峰寺
㉑	如意輪（園城寺）	長命寺	菩提山穴穂寺（穴太・穴憂）
㉒	石山寺	三井寺如意輪堂	総持寺
㉓	正法寺（岩間寺）	石山寺	勝尾寺
㉔	准胝堂（醍醐）	岩間寺	中山寺（仲山寺）
㉕	観音寺（新熊野奥）	上醍醐	新清水寺（播磨清水寺）
㉖	六波羅蜜寺	東山観音寺	法華山一乗寺（播磨法華寺）
㉗	清水寺	六波羅蜜寺	書写山円教寺
㉘	六角堂	清水寺	成相寺
㉙	行願寺	六角堂	松尾寺
㉚	善峰寺	行願寺	竹生島宝厳寺
㉛	菩提寺	善峰寺	長命寺
㉜	南円堂（興福寺）	菩提寺（穴太）	観音正寺
㉝	千手堂（御室戸山）	御室戸山	谷汲華厳寺

表中の（　）内は，寺院の別名，所在，「巡礼記」の寺名。

坂東三十三所地図

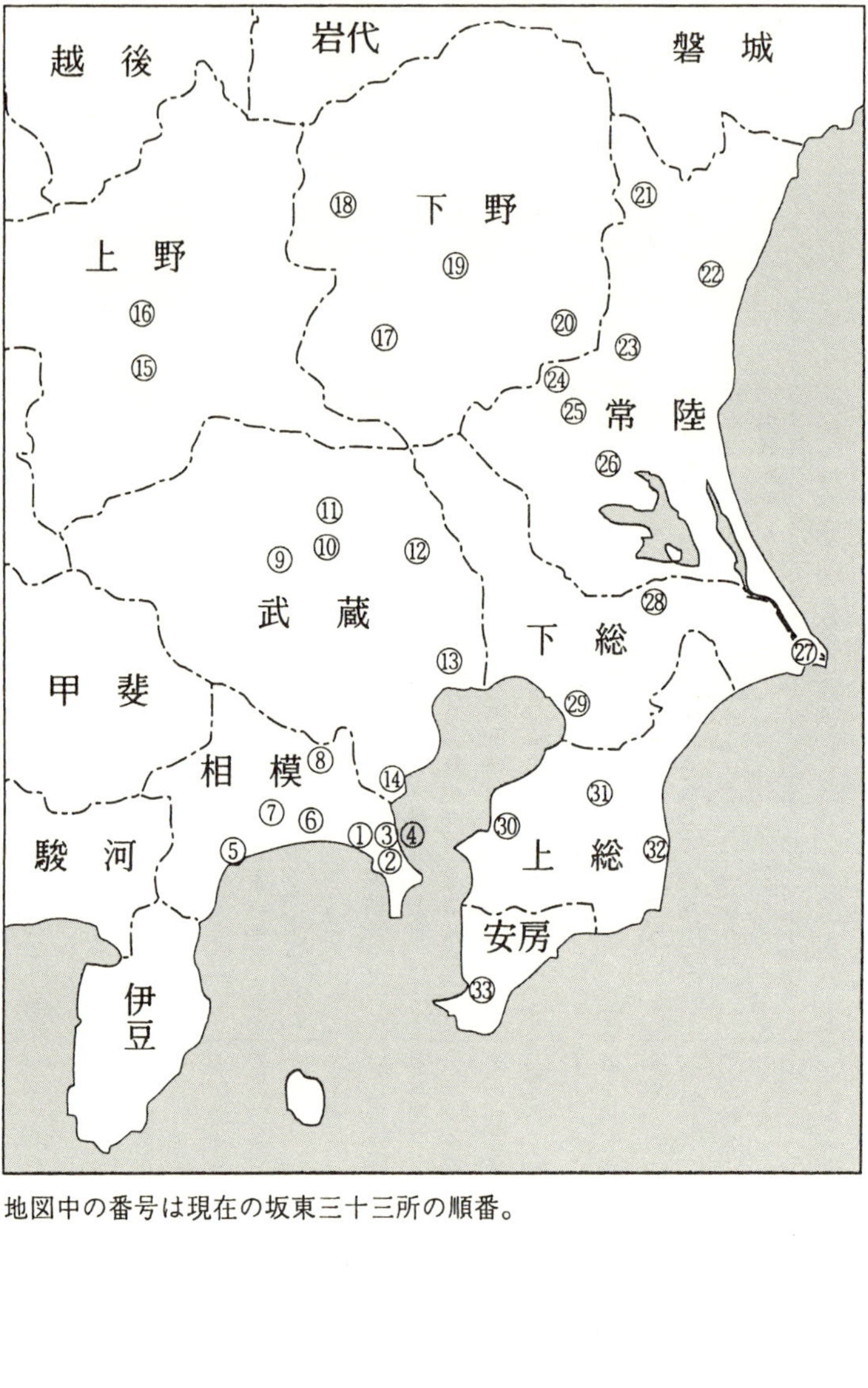

地図中の番号は現在の坂東三十三所の順番。

坂東三十三所一覧

①	大蔵(倉)山杉本寺
②	海雲山岩殿寺
③	祇園山田代寺
④	海光山長谷寺(長谷観音)
⑤	飯泉山勝福寺
⑥	飯上山長谷寺
⑦	金目山光明寺
⑧	妙法山星谷寺
⑨	都幾山慈光寺
⑩	巌殿山正法寺
⑪	岩殿山安楽寺
⑫	華林山慈恩寺
⑬	金竜山浅草寺
⑭	瑞応山弘明寺
⑮	白岩山長谷寺
⑯	五徳山水沢寺
⑰	出流山満願寺
⑱	日光山中禅寺
⑲	天開山大谷寺
⑳	独鈷山西明寺
㉑	八溝山日輪寺
㉒	妙福山佐竹寺
㉓	佐白山正福寺
㉔	雨引山楽法寺
㉕	筑波山大御堂
㉖	南明山清滝寺
㉗	飯沼山円福寺
㉘	滑河山竜正院
㉙	海上山千葉寺
㉚	平野山高倉(蔵)寺
㉛	大悲山笠森寺
㉜	音羽山清水寺
㉝	補陀落山那古寺

秩父三十四所一覧

番号	長享二年番付	現在
①	定林寺	誦経山妙音寺(四万部)
②	蔵福寺	大棚山真福寺
③	今宮	岩本山常泉寺
④	壇之下	高谷山金昌寺
⑤	野坂堂	小川山長興寺(五閣堂)
⑥	岩井堂	向陽山卜雲寺(荻堂)
⑦	大圓(淵)庵	青苔山法長寺(牛伏)
⑧	橋立寺	青泰山西善寺(西禅寺)
⑨	篠戸	明星山明智寺(明地)
⑩	深谷寺	万松山大慈寺
⑪	岩屋堂	南石山常楽寺(坂郡)
⑫	白山別所	仏道山野坂寺
⑬	西光寺	旗下山慈眼寺(壇之下)
⑭	小鹿坂	長岳山今宮坊
⑮	般若岩殿	母巣山少林寺(蔵福寺)
⑯	鷲岩殿	無量山西光寺
⑰	小坂下	実正山定林寺
⑱	童部堂	白道山神門寺
⑲	谷之堂	飛淵山竜石寺(滝石寺)
⑳	岩上	法王山岩上堂
㉑	滝石寺	要光山観音寺(谷之堂)
㉒	神門	西陽山永福寺(童部堂)
㉓	岩本	松風山音楽寺(小鹿坂)
㉔	四万部	光智山法泉寺(白山別所)
㉕	荒木	岩谷山久昌寺(岩屋堂)
㉖	五閣堂	万松山円融寺(岩井堂)
㉗	大慈寺	竜河(影森)山大淵寺
㉘	坂郡	石竜山橋立寺
㉙	明地	笹戸山長泉院(篠戸)
㉚	荻堂	瑞竜山法雲寺(深谷)
㉛	西禅寺	鷲窟山観音院(鷲岩殿)
㉜	牛伏	般若山法性寺(般若岩殿)
㉝	水込	延命山菊水寺
㉞		日沢山水潜寺(水込)

表中の(　)内は，寺院の別名，番付の寺名。

建領主の政治的意図が働いた場合もあった。会津藩主保科正之《ほしなまさゆき》（一六一一〜七二）は、領内から伊勢・熊野・西国巡礼に出るものが多いので、国の費《つい》えになるとして領内に伊勢社・熊野社・会津三十三所観音を設けたという。いずれにせよ、これら多数の地方霊場は、西国巡礼に参加できぬ地方の民衆、ことに女性層を吸収し、観音信仰の民衆的底辺をますます拡大したのであった。

3　講参詣、出開帳、流行神

参詣講の発達

いかに経済的に向上し交通施設も整ったとはいえ、遠く離れた地域の霊場に参詣することは、当時の一般民衆にとって容易ではなかった。江戸時代、社寺参詣の風潮が高まり、民衆の参詣旅行の希望が一般化するとともに、その経済的解決手段として、さまざまの参詣講が普及する。

ことに農村において、中下層農民まで加わり、全村的な講として行なわれたのは、伊勢神宮参詣の伊勢講である。下野国《しもつけ》東水沼村の伊勢講の例をみると、寛延元年（一七四八）当時、講員は四十二、毎年三百文を積み立て、毎年正月に代参者が二人ずつ伊勢詣でに出発する。講からは代参者一人分として六貫三百文が支出される。講参詣の場合、講の仲間全員が参加する総参り・総参講もあるが、東国からの伊勢参詣など遠隔地の場合は、東水沼村の例のように代表者を毎年あるいは数年おきに選んで行なう代参講が普通である。代参者は籤引《くじびき》で決めることが多いが、最初から順番が固定している講もある。代参者の旅費、大麻《たいま》（伊勢神宮などが授けるお札）・お祓札などの講からの支出は、積立金による他、部落所有の田畑を講田としてあてる場合も各地にみられる。

農村における伊勢講は、村という地縁的つながりを基礎にしているのが一般的だが、多様な参詣講の中には、農村では村の枠を越えて同信者をつらね、都市では職業繁栄の守護神をまつる同業者仲間で結成される例も多い。近世最大の都市江戸では、町人層の尊崇を集める有名寺社霊山に参詣する多彩な講が結成された。富士講などは多くの信者を集め、幕府の禁令の対象ともなったが、近世の不動信仰との関連でいえば、成田不動講が特に有名である。

成田山と不動信仰

成田山新勝《しんしょうじ》寺の起源について、寺の縁起によれば、天慶三年（九四〇）平将門の乱の際、勅命によって広沢遍照寺の寛朝《かんちょう》僧正が空海作の不動明王を奉持して海路下総公津《しもふさきみつ》ケ原《がはら》に下り、将門調伏の祈禱を行なったのにはじまるという。その実否は別として、重要文化財に指定されている現存の木造不動明王坐像と二童子立像は鎌倉時代後期の優品とされ、また新勝寺奥院《おくのいん》に収める板碑《いたび》には延元元年（一三三六）と応永元年（一三九四）の年紀のものがあるというから、十四世紀当時にはかなりの寺勢を有したと思われるが、史料が乏しく詳しいことはわからない。

徳川家康が江戸入府すると、当時の住職宥鑁《ゆうばん》（一五七二〜一六三四）は、家康の帰依を受け、江戸弥勒寺の中興第一世となった。この結果、新勝寺は弥勒寺の末寺とされたが、元禄十三年（一七〇〇）、成田山中興の祖とされる照範（一六六四〜一七二四）が新勝寺住職となって以後、成田不動の信仰は江戸町人を中心に急速に広まった。かれは新勝寺の諸堂を完成し、佐倉藩主稲葉正通、さらに将軍綱《つな》吉《よし》の生母桂昌院《けいしょういん》の帰依を得て、弥勒寺末寺から京都大覚寺の直末《じきまつ》と寺格をあげた。元禄十三年に智《ち》積院覚眼《しゃくいんかくげん》によって書かれたという『当寺大縁起』（新勝寺本尊由来記）は、将門の乱の際の東国鎮護としての創建の由来から、女人安産・海上安全・難病治癒など幅広い本尊不動明王の霊験を強調しており、それは武士階級から町人・農民・漁村まで多くの信者を獲得するのに力があった。

江戸町人にとって、秩父巡礼の例にみられるように、社寺参詣は同時に物見遊山的レクリエーションの面を兼ねていた。往復に船橋に一泊し成田を含め三泊四日の参詣は、途中にめんどうな関所もなく、快適なレクリエーションである。文化五年（一八〇八）に書かれた式亭三馬の『浮世風呂』の一節に、「おまへかたは大山参《おおやままめえり》に御神酒《おみき》を納《おさめ》に行《い》くか、成田さまへの旅位《たびくれえ》が関の山だらう」とあるから、伊勢詣でや西国巡礼が無理な江戸の中下層町人でも、成田山と相模大山の不動尊詣では、比較的容易であったと思われる。そして『利根川図志』が引く「相馬日記」が、「そもそも坂東に不動明王の古霊場三所あり。相模国大住郡の大山《おおやま》寺と武蔵国多摩郡の高幡《たかはた》寺と、この新勝寺となり。なかんづく今三所の中に、こよなう参詣人多かるは、この成田の霊場」と記すように、成田参詣が、関東の不動尊霊場の中で、もっとも盛んであった。

成田不動講

数ある江戸町人の成田不動講のうち、もっとも古いのは丸下講である。成田山信仰が江戸町人の間に広まる画期となったのは、後述する元禄十六年（一七〇三）の江戸出開帳《でがいちょう》というが、「元禄元年起立丸下講」と彫られた酒々井《しすい》宿の道しるべの石標があるから、成田不動の江戸出開帳以前、十七世紀の末に講は成立していたと思われる。丸下講についで、十八世紀末までに成立したと思われるのが、講としての高い格付けを示す「内陣《ないじん》」の称を付した内陣五講・内陣十六講、それに浅草十講などである。村上重良氏の『成田不動の歴史』によれば、内陣五講・十六講は、日本橋の魚河岸、深川の米問屋、青物問屋の大根河岸、木場《きば》の材木問屋など、大都市江戸の消費物資をあつかう「勇み肌」の商人層を主力としていた。これに対し浅草十講は、富裕と粋な通人ぶりで知られる「旦那筋」の蔵前の札差が主力で、これに芸能界、花柳界、鳶職の信者が加わっていた。

これらの講は、成田山参詣に加えて、江戸出開帳の実質的な担い手であり、本尊不動明王の分身をまつる成田山御旅宿《おたびしゅく》を支えていた。成田山御旅宿は今日の深川不動になるが、その管理の主導権をめぐって、内陣各講と浅草十講の間に対立が生じたこともあった。

江戸後期の天保年間（一八三〇〜四四）になると、成田不動講は江戸をはじめ、武蔵・甲斐・安房・上総《かずさ》・下総・常陸《ひたち》・下野《しもつけ》の諸国で二十九講が新たに成立し、以後、上野《こうずけ》・遠江《とおとうみ》・伊豆・信濃にも広まって、幕末の安政年間（一八五四〜六〇）までには二百十余の講社ができた。これら講社の活動によって、成田不動尊は、江戸から関東・東海・甲信におよぶ広い地域の民衆にとって、もっとも親しみ深い守護神的存在になったのである。

市川団十郎と成田山

成田不動尊の江戸進出を成功させた要因としては、内陣・浅草各講の有力商人層の帰依協力に加えて、これら商人層に支えられ江戸町人に絶大な人気のあった歌舞伎の舞台で宣伝できたことも無視できない。その際、大きな役割を果たしたのは、歴代市川宗家《そうけ》の信仰である。

初代団十郎（一六六〇～一七〇四）は、若いときに子供に恵まれず、成田山に祈願して男子をもうけた。後に二代目団十郎となる九蔵《くぞう》である。かれは不動尊の利益に感謝し、江戸中村座の「兵根元《つわものこんげん》曾我《そが》」で、自分は曾我の五郎と成田の不動明王、八歳の九蔵には山伏の通力《つうりき》坊、実は成田不動明王の化身を演じさせた。これは大当たりで、成田近在から見物人がつめかけ、西山松之助氏の『市川団十郎』によれば、信者たちが舞台に投げる賽銭は、毎日十貫文余もあったという。この不動明王の荒事《あらごと》は、初代団十郎の特色を代表するものとなり、成田屋の屋号もこの時からはじまった。

この後も初代団十郎は、たびたび不動明王を演じたが、ことに元禄十六年（一七〇三）四月、森田座の「成田山分身《ふんじん》不動」で、初代が胎蔵界の不動、九蔵が金剛界の不動を演じたのは、ちょうど四月から深川永代寺での成田不動最初の江戸出開帳にあわせた出し物となり、江戸町人の話題をさらい、成田山にとっても宣伝効果は大きかった。

初代が市村座の楽屋で不慮の死をとげ、十七歳で襲名した二代目（一六八八〜一七五八）は、誕生の因縁もあり、成田不動に参籠断食するほど信仰が篤《あつ》かったが、以後の歴代市川宗家にあって、不動信仰で知られるのは、七代目団十郎（一七九一〜一八五九）である。かれは市川宗家の家芸を確立し、「兵根元曾我」以来、市川家の信仰対象であった不動の示顕をみせる荒事の「不動」、山伏問答（一一四ページ参照）で知られる「勧進帳」など、市川家歌舞伎十八番を制定した名優で、成田不動に深く帰依し、伽藍修復や江戸出開帳に協力を惜しまなかった。しかし天保十三年（一八四二）、天保改革の奢侈禁止により、江戸十里四方追放に処され、成田山延命院に蟄居《ちつきよ》する身となった。嘉永二年（一八四九）、ようやく恩赦により江戸にもどり舞台に復帰すると、成田山の人びとは喜んで団十郎に大引幕を贈った。かれが市川三升《みます》の俳名で残した狂歌には、「願ふなり、子々孫々の末迄も、不動明王ふとうみやうおう」とあるという。

江戸の開帳

成田不動の江戸での信者拡大の画期が、元禄の江戸出開帳であったことはすでにのべたが、近世の民衆信仰を考える場合、開帳の流行は注目すべき現象である。開帳とは、秘仏を安置している厨子《ずし》を開けたりして一定期間、直《じか》に拝めるようにするもので、その寺内で行なうのを居開帳《いがいちよう》、他所に出張して行なうのを出開帳《でがいちよう》という。当初は純粋な宗教的行事だったが、近世には大都市の出現によって、そこに生活する人びとに現世利益をもたらすことで寺社は多大の収入を得たり教線を拡張できるので、興行的傾向に走るようになった。近世における寺社の開帳は、京都はじめ各地で行なわれたが、百万都市江戸での開帳こそ、こうした寺社の興行的目的にもっともかなうものだった。

江戸における開帳の歴史と実態については、比留間尚氏の『江戸の開帳』に詳しい。江戸の場合、居開帳より出開帳が早くから盛んで、出開帳の寺社も陸奥から九州まで広域にわたっている。江戸が政治の中心地として多数の人口を擁しながら、伝統的な名刹をもたなかったことが、全国各地の寺社の出開帳を受け入れる素地となったのである。

開帳は、寺社の出願に対し、寺社奉行の寄合で審査し差許《さしゆる》すのが通例だが、寺社の出願理由は、衆生済度よりももっぱら寺社建物の修復助成の収入確保にあり、幕府もそれを当然として認可した。遠隔地からの江戸出開帳はかなりの経費を必要とするから、参詣人を動員できず、かえって累代の霊宝を身売りしなければならなかった京都嵯峨の二尊院のような失敗例もあるが、江戸において千五百回以上も開帳が行なわれたという事実は、一般的に開帳が、寺社にとって収入増をもたらす、うまみのある興行だったことを示している。

江戸開帳でもっとも人気の高かったのは、居開帳では浅草寺の観音、出開帳では善光寺の阿弥陀、成田不動、嵯峨清凉寺の釈迦、身延山の祖師（日蓮）などである。浅草寺は伝統的名刹に乏しい江戸にあって居開帳回数三十一回と群を抜いている。一方、出開帳でもっとも回数の多いのは成田不動で、元禄十六年の第一回出開帳を含め、幕末まで十二回を数える。尊像別でみれば、観音が、居開帳では浅草寺の他に三田の魚籃《ぎょらん》観音、上野浅草の清水観音、出開帳では秩父三十四観音などもあって開帳回数三百三回と、二位の日蓮二百四十回、三位阿弥陀百四十四回を大きく引き離している。現当二世の利益の幅広さにおいて、観音はもっとも多くの参詣者を集め得る尊像だったのだろうし、開帳を行なうような伝統ある有名霊場の本尊といえば、不動や地蔵はむしろ例外で、古くから霊場参詣の対象とされてきた観音が一般的だったのである。

開帳の境内には、さまざまの見世物小屋も並び、参詣者は開帳仏の霊験に結縁するだけでなく、開帳を支える講中の華やかな奉納物の数かずや、見世物の人気にも引かれて集まってきた。近世都市江戸における開帳の盛況は、江戸町人の信仰的行楽の欲求の現れであった点、秩父三十四所が秘仏本尊開帳の縁年には物見遊山を兼ねた江戸町人の巡礼を多数集めたのと、共通する現象であったといえる。

流行神の誕生

開帳の盛況ぶりを当時の記録は、たとえば善光寺出開帳について、「一国《いっこく》の人狂《ひときょう》せしがごとく参詣群参おびただし」と描いている。出開帳のご利益のうわさがうわさをよび、願《がん》かけに殺到した民衆の熱狂ぶりがうかがえる。こうした熱狂的な民衆の信仰現象が、多様な流行神（はやり神）を生むのであり、観音・地蔵・不動も、しばしばこうした流行神の形をとって現れた。そうした現象は、町衆とよばれる都市住民層が形成された室町時代の京都ですでにみられる。

応永二十五年（一四一八）、勧進平家が催されている最中に、錫杖を振り体を動かしたというので大評判になった矢田寺地蔵、前にもふれた『太平記』香勾高遠《こうわたかとお》身代わりの話で有名になった壬生《みぶ》寺地蔵など、京の民衆のうわさの的となり、多数の参詣者を集めた例だが、短期間に多くの都市民衆を集める利益としては、治病神が一番である。室町時代には、古くからの伝統ある薬師信仰が下火となり、治病神の中心は民衆にもっとも親しみ深い地蔵へと移って行く。そうした治病の利益を強調する流行神としての地蔵の典型的例が、『看聞御記《かんもんぎょき》』に記す、応永二十三年（一四一六）の有名な桂地蔵事件である。

阿波国に住む男を一人の小法師がおとずれ、こわれた家をなおしてほしいとたのんだ。断りきれずについて行くと、山城国の桂の里の石地蔵が安置したこわれた辻堂のところで小法師は姿を消した。「さては小法師は地蔵だったのか」と悟った阿波男は、辻堂で会った西岡に住む竹商人にこの話をして、一緒に堂をなおそうともちかけた。「すじの通らぬいいがかりだ」と怒った西岡男が刀を抜いたが、阿波男の代わりに石地蔵を突いてしまい、腰がぬけて物狂いになった。そこで西岡男が「堂をなおします」と誓ったところ、腰のぬけたのがなおり正気をとりもどした。これが評判になり、参詣者があいつぎ、銭をはじめ供物が山のように積まれ、堂は立派に完成した。祈願すればなんでも成就し、重病のもの、盲目のものもたちどころになおるとのうわさで、京周辺はもちきりになった。

ところが数ヵ月後、これは阿波男が仲間七人、同調者数十人でしくんだ大芝居で、阿波男も実は桂近郷の男ということがばれ、一味は投獄されてしまった。だが桂地蔵への人びとの参詣は、この後もあいかわらず盛んだった。『看聞御記』の筆者伏見宮貞成親王《ふしみのみやさだふさ》は、事件のてんまつを記した後、「たとい阿波男らが共謀してやったことでも、万人に利益があった以上、どうして謀略とかたづけられよう。地蔵の霊験は人力の及ぶところではない。これを単なる謀略事件のようにいうのは、信心のない人だ」と評している。流行神が生まれた時代の信仰観がうかがえて興味深い。

江戸の流行神

『看聞御記』によると、山伏の峰入《みねいり》を模した桂地蔵への奉納パレードが人気をよんだというが、すでにたびたびふれたように、観音・地蔵・不動などの信仰の民間への広まりに修験山伏の果たした役割は大きかった。室町中期、聖護院《しょうごいん》を中心とする台密寺門系の本山派《ほんざん》、三宝院を中心とする東密醍醐寺系の当山派《とうざん》が成立すると、全国各地の山岳によっていた修験者は、そのいずれかに包摂されていく。かれらの多くは地域社会に定着して、平素は信者の依頼に応じてさまざまの祈禱をし、夏などには信者の先達として峰入修行をするようになった。

江戸幕府の宗教政策は、寺請《てらうけ》制度の立場から、葬祭による寺檀関係を理想として保護したが、農民や町人は葬祭だけでは満足せず、日常の現世利益を実現する祈禱宗教も求めた。こうして十七世紀後半ころから、祈禱を主とする小寺が発生する。幕府は祈禱寺院に対し否定的であったが、現世利益への民衆の欲求は強く、それが近世の流行神の背景となり、またそこに山伏の活動がみられるのである。

文化四年（一八〇七）二月、武蔵国幸手《さって》の不動尊が江戸の両国回向院《えこういん》で出開帳を行なった。これは本山派の山伏が講と開帳を指導し、多数の山伏行列が「近来これまで賑《にぎ》はしき開帳の江戸入なし」と記されたように大評判になり、民衆のエネルギーの爆発を恐れる幕府によって開帳差止めとされたほどだった。不動の利益に対する江戸町人の帰依は成田不動の出開帳によくうかがえるが、江戸市中の不動尊が修験山伏の霊験譚によって、流行神的に参詣者を集めた例は少なくない。

江戸には、目赤・目黒・目白・目黄・目青の五不動がある。駒込南谷寺の目赤不動は、伊賀国赤目山の修験者の廻国の際の持仏で、さまざまの霊験を示し、江戸で徳川家光から土地を賜って寺を建立したと縁起は記している。享保年間（一七二〇年代）には、講中も組織され、かなりの人気を集めた。目白新長谷寺の目白不動は、湯殿山《ゆどのさん》系の行者（羽黒修験）が廻国の際に持ち歩いた不動尊で、たまたまこの地を歩いているときに感応あって寺を建立し安置したのだという。いずれも、前にふれた修験山伏の地域社会定着の由来を不動尊の霊験弘布と結びつけて説いており、興味深い。

江戸市中の寺院境内に祀られ、流行神的人気を博した例は、地蔵の場合も数多い。たとえば駒込大円寺のほうろく地蔵は、享保四年（一七一九）に造られたが、願かけ厄よけに、素焼きで割れやすいほうろくを頭にのせている。ほうろくをのせる理由は、割れやすいから厄落しが容易にできるとか、ほうろくが俸禄に通じるとかいうが、はっきりしない。もともと流行神とは、そのようなものだろう。

駒込常徳寺の身代わり地蔵は、治病神としての地蔵の典型である。享保十一年（一七二六）ころ、この寺の住職が重病で全身不随になったとき、夢に地蔵が現れて、住職の病は全快した。そのとき住職のはれていた右目がなおった代わりに地蔵の右目がはれたので、利益にあずかろうとする民衆が殺到したという。

その他、江戸時代には、延命地蔵・腹帯地蔵・子育地蔵・子守地蔵・片目地蔵・油掛け地蔵・しばられ地蔵など、治病の利益を中心に多種多様な霊験利益に由来する名前を持った流行神的地蔵が日本各地に生まれ、近世民衆の守護神として参詣者を集めた。

観音の場合、比留間氏によれば江戸時代を通じ三十一回も行なわれたという浅草寺の居開帳は、爆発的な人気であったし、毎月十八日の観音縁日に参詣すれば特に利益があるということで、各地の観音寺院はにぎわった。前にふれたように縁年《えんねん》の午歳《うまどし》の秩父巡礼に七、八万から二十万と推定される江戸町人が殺到したのも、流行神と共通する信仰現象といえるだろう。

江戸時代における講参詣・居開帳・出開帳、そしてさまざまな流行神は、葬祭による寺檀関係を重視する幕藩体制下の既成宗教にあきたりぬ民衆の信仰拠点として、熱狂的エネルギーに支えられ、多くの信者を集めた。もちろんそれは、民衆の現世利益的欲求に根ざす通時的現象で、時代性に即した宗教的理念や目標をうかがうことはできない。しかしそこにおいて、本書でとりあげた観音・地蔵・不動が、きわめて大きな比重をもって現れてくることは、これら三尊が近世民衆の守護神として、宗派を越えて人びとにもっとも親しみ深い存在であったことを物語っている。それは現代における民衆の観音・地蔵・不動の信仰と、根本において連続しているとみることもできるのである。

むすび—現代に生きる観音・地蔵・不動

仏教が伝来して千数百年、あまたの仏の中で日本人の多くが特に親しみをもって信仰してきたのが、観音・地蔵・不動である。私は、日本人の信仰の大きな流れの中で、これら三尊が、時代時代の人びとの悩みや願いにどのように応えて今日に至ったか、大まかではあるが、その軌跡をたどってきた。

かつては、科学が発達し物質的に充足された社会では、宗教は存在意味を失い衰退すると予測するむきもあった。しかし事実は逆で、科学万能のような現代社会において、科学的因果律では説明できない「隠されたもの」への関心が高まり、物質的に充足されながら精神的に満たされず、宗教によりどころを求める人びとが増加していることは、昨今の新興宗教教団の隆盛をみても明らかであろう。こうした現代社会において、観音・地蔵・不動は、どのような役割を果たしているのだろうか。

私は、勤め先の大学へ通う途中で、近くの坂東札所へ向かう巡礼グループのバスとよくすれちがう。明治以後、西国札所をはじめとする各地の観音霊場巡礼者は、江戸時代に比較して急速に減少していった。鉄道を中心とする近代的な交通機関と結びついた各地の観光地の成立によって、散在する札所をめぐる巡礼の物見遊山的性格の失われたことが、大きな理由と思われる。もちろんその一方で、江戸時代の巡礼民衆化の過程で巡礼参加が習俗化し、地域によっては明治以後も成人式的な通過儀礼として続いた例もある。前田卓氏の調査によると、京都向日町物集女《むこうまちもずめ》では、三年に一度、数え年十七歳から十九歳の若衆が集団で西国三十三所巡礼を行なう慣習が、江戸時代以来近年になっても続いている。若者たちは、これを無事にすませることで地域社会の成員として認められ、結婚の資格もできる。ともに巡礼に参加した若者たちは、以後も「同行《どうぎょう》」とよばれ、講を結び、死ぬまで兄弟のようなつきあいをするという。

こうした慣習は、山口県の萩《はぎ》などでもみられるが、農村過疎化の下で、しだいに消滅の運命をたどっている。これに反し、近年になって盛況を呈しているのが、団体バス利用の巡礼である。一般交通機関の利用と異なって乗り継ぎのめんどうがなく、散在する札所も短期間にほとんど歩かずに廻れるということで、老人や女性の参加者が急増している。

このような団体バスでの札所めぐりは、かつての長期間かけての徒歩による巡礼とは趣を異にし、レジャー産業の一環としての名所観光的色彩が強いことは否定できない。しかし、先立った妻子の写真を持って巡礼する人の話を聞いたことがあるが、それぞれの人生の節目にあたって、かつての西国巡礼がそうであったように、再生への移行儀式としての旅を求めて巡礼に向かう人も意外に多いのである。

また、めまぐるしく車の行き交う道ばたに交通安全の地蔵像が立ち、花が供えられている。そこには交通事故死した愛児への慰霊の願いが刻まれていることもある。たまたま立ち寄った寺の一隅で、まさに現代的信仰現象というべき水子《みずこ》地蔵に出会うことも多い。

水子は稚子とも書かれ、もともとは生後間もなく死んだ子供をさした。江戸時代には、堕胎・間引《まび》きされた子供も水子とよばれるようになったが、いずれにせよ水子は、まだ人間の子とは考えられず、神に帰して速やかな再生を願う意味からも、戒名をつけ成仏を願うような葬式は行なわずに家の床下に埋めたり、無縁仏として村境や墓地の一隅にまとめて葬るのが普通だった。賽の河原の信仰から、そこに地蔵像が安置された場合もあるが、それが特に水子地蔵とよばれた例は確認できないという。

ところが一九七〇年代ころから、水子といえば中絶によって死んだ胎児をさすようになり、そうした水子の祟りを怖れて、供養のために水子地蔵を奉納するのが流行してきた。その背景に、現世の不幸を過去の水子の祟りと説明し、信者を獲得しようとする一部の教団や寺院、オカルトブームに乗ってこれを受け売りするテレビ番組や女性週刊誌があることはいうまでもない。しかしそれと同時に、水子の親の多くが位牌や戒名など大人同様の供養を望んでいるように、胎児も一個の人格を有する「人間」ととらえる社会通念が形成されてきたこととも無縁ではないだろう。

十五世紀ころから、追善仏事の対象が大人だけから幼児へも拡大しはじめ、賽の河原の信仰が生まれたことはすでにのべたが（一四七ページ参照）、現代に至って、さらに胎児にまで拡大されたところに水子地蔵が生まれたとみるべきであろうか。その意味で水子地蔵の流行は、古来の祟り信仰の系譜を引くかのようでありながら、胎児の生命・人格に対する社会通念の変化を反映している点、現代社会が生み出した子供の守護神地蔵の新しい姿といえるであろう。

子供の守護神としての地蔵の行事といえば、江戸時代以来、京都を中心とする近畿地方で地蔵盆《じぞうぼん》の風習がある。毎月二十四日は地蔵の縁日とされるが、旧暦七月（現在は八月）二十四日または前日から、町ごとに地蔵像を安置し、子供たちも加わって供養するのである。一時おとろえたこの行事も、最近また盛んになってきている。近年の土地事情では新しい住宅地や団地に年中地蔵を安置する場所がないので、寺がこの期間だけ地蔵像を貸し出す形になる。古くからの地蔵霊場である京都の壬生寺の場合、石仏や掛軸の地蔵が出向する町内は、近年増加して百二十ヵ町におよぶという。地蔵盆は、地域社会の人びとの交流が希薄な現代において、子供たちを中心とする夏休みの地域行事として、新しい役割を果たしているのである。

現代の出開帳というべきデパートや博物館の仏像展の盛況、不動や観音の霊場の初詣の混雑など、改めてのべるまでもあるまい。ことに不動尊の場合、交通安全祈願を全国最初に行なった社寺が成田山大阪別院といわれるように、交通安全というきわめて現代的な祈願内容によって多くの参詣者を集めている例は数多い。最新型の車に乗って、そうした霊場の交通安全の守り札をみることもめずらしくない。

このような現代社会の観音・地蔵・不動の信仰に諸相に対しては、「本来の経典の教えと離れてしまっている」との批判を、しばしば耳にする。しかし本書ですでにのべたように、ホトケを「西から来た神」として、日常生活に根ざす在来信仰の次元に引き寄せて受容した日本人は、観音・地蔵・不動の本来の経説をきわめて柔軟に理解し、時代時代の社会的要求に応じた役割分担の下に、今日まで多彩に変化発展させてきた。

観音・地蔵・不動が日本人にもっとも広く信奉された理由は、なんといっても、人びとの間に隔てなくまじわり、多様な願いに応えてくれる親しみやすさにある。日本在来のカミの信仰は、原質の上に時代時代に応じた新しい衣裳をまとって現れる「着せ替え人形」だと評した宗教学者がいるが、こうした宗教を生んだ日本人が、もっとも親しみ帰依した観音・地蔵・不動は、現世の幸福と来世の救済を求める人びとの願いに応じて、時代時代の衣裳をまとって現れる。今日の観音・地蔵・不動の信仰の諸相は、現代社会に生きる人びとの求めるものに、これら三尊がそれぞれ変化適合して現れた、いわば現代民衆の信仰の顔なのである。

不滅の生命力をもって現代に生きる観音と地蔵と不動が、多くの日本人の悩みに応える守り本尊として、今後どのように変化発達していくのか、まことに興味深いところといえよう。

あとがき

観音・地蔵・不動、日本人の三つの守り本尊について解説するような本ができないかと考えております。——講談社学芸図書第一出版部の丸本忠之氏から本書の執筆依頼の手紙を受けとったのは、九四年九月のことだった。承諾の返事はしたが、筆はなかなか進まなかった。私は四半世紀ほど前から、これら三尊、ことに観音と地蔵については、ふれる機会が多かっただけに、どのような形で新しく一冊の本にまとめるか、かえって構想を立てにくかったからである。

しかし丸本氏、さらに後任の岡本浩睦氏と打ち合わせを重ねるにつれて、日本人の信仰の大きな流れの中で、観音・地蔵・不動がどのような役割を果たして今日に至ったか、この三尊の信仰のからみあいを通じて、仏教伝来以来千数百年におよぶ日本人の信仰の時代時代の特徴的な姿を再現してみようとの構想がだんだん固まり、ようやく本書をまとめることができた。いま読みかえしてみると、当初の構想がどの程度達せられたか心もとない気もするが、その点は読者諸賢の批判に俟《ま》つ他ない。

また近年、観音・地蔵・不動に関する新しい研究がつぎつぎと現れているので、そうした成果を改めて検討しとり入れることで、四半世紀にわたるこの分野についての私の研究に、一つのくぎりをつけたいと考えた。もちろん新書という性格から、近年の研究のすべてを紹介することや、依拠した論文をいちいち注記することはできなかったが、その主要なものは、単行本に限って巻末の参考文献欄にあげたので、参照していただければ幸いである。新しい論文を読んだり原史料を再確認する作業に手間どり、脱稿が大幅におくれて迷惑をかけてしまったが、この間、適度の催促をまじえながら辛抱強く待って下さった丸本忠之氏と岡本浩睦氏の厚情に深く感謝する。

終わりに、私事にわたることだが、本書の執筆依頼を受けた九四年九月に父誠一が、脱稿目前の九六年五月に母きくをと妻の母角名タケが、あいついで天寿を全うして蓮台に登った。永いあいだ日本人の心の支えとなってきた観音・地蔵・不動をあつかう本書が、父の喪中に起筆し、母と義母の喪中に稿成ったのも、何かの因縁であろうか。「慈顔《じがん》永く隔てぬ、いずれの時かまた撫養《ぶよう》の徳に答えん」との古人の歎きを想起し、今はただ仏前に本書を捧げ、研究者の道を歩む私のわがままを暖かく見まもってくれた在りし日の温容をしのんで冥福を祈るばかりである。

一九九六年八月　旧盂蘭盆の日

速　水　侑

主要参考文献

1―観音に関するもの

佐和隆研『密教美術論』一九五五　便利堂
速水　侑『観音信仰』(塙選書七二)一九七〇　塙書房
清水谷孝尚『観音巡礼―坂東札所めぐり』一九七一　文一出版
前田　卓『巡礼の社会学』一九七一　ミネルヴァ書房
岩本　裕『仏教説話の伝承と信仰』(仏教説話研究三)一九七八　開明書院
猪川和子『観音像』(日本の美術一六六)一九八〇　至文堂
新城常三『新稿社寺参詣の社会経済史的研究』一九八二　塙書房
速水侑編『観音信仰』(民衆宗教史叢書七)一九八二　雄山閣出版
河野善太郎『秩父三十四札所考』一九八四　埼玉新聞社
大阪市立美術館編『西国三十三所　観音霊場の美術』一九八七　毎日新聞社
戸田芳実・田中智彦「西国巡礼の歴史と信仰」他
浅野清編『西国三十三所霊場寺院の総合的研究』一九九〇　中央公論美術出版
小嶋博巳編『西国巡礼三十三度行者の研究』一九九三　岩田書院
東武美術館他編『西国三十三所　観音霊場の信仰と美術』一九九五　日本経済新聞社

真野俊和編『本尊巡礼』（講座日本の巡礼一）一九九六　雄山閣出版
吉井敏幸「西国巡礼の成立と巡礼寺院の組織化」
田中智彦「西国巡礼の始点と終点」他

2―地蔵に関するもの

真鍋広済『地蔵尊の世界』一九五九　青山書院
柳田国男『定本柳田国男集』一一・二七　一九六三～一九六四　筑摩書房
原田敏明『宗教と社会』一九七二　東海大学出版会
速水　侑『地蔵信仰』（塙新書四九）一九七五　塙書房
桜井徳太郎編『地蔵信仰』（民衆宗教史叢書一〇）一九八三　雄山閣出版
真鍋広済「地蔵信仰の源流と地蔵菩薩」
久野　健「地蔵菩薩像の変遷」
高橋　貢「地蔵菩薩霊験記成立の一背景」
和歌森太郎「地蔵信仰について」
田中久夫「地蔵信仰の伝播者の問題」
桜井徳太郎「本邦シャマニズムの変質過程――とくに地蔵菩薩との習合について」他
東海大学特別研究報告『元箱根石仏石塔群の調査研究』一九九三　東海大学教養学部
田中久夫『地蔵信仰と民俗』一九九五　岩田書院

3―不動に関するもの

佐和隆研『密教美術論』一九五五　便利堂
西山松之助『市川団十郎』（人物叢書）一九六〇　吉川弘文館
村上重良『成田不動の歴史』一九六八　東通出版社
渡辺照宏『不動明王』一九七五　朝日新聞社
京都国立博物館編『画像不動明王』一九八一　同朋舎出版
頼富本宏『マンダラの仏たち』（東京美術選書四〇）一九八五　東京美術
田中久夫編『不動信仰』（民衆宗教史叢書二五）一九九三　雄山閣出版
　有賀祥隆「不動信仰」
　田中久夫「不動信仰の伝播者の問題」
　宮家　準「修験道と不動明王」
　景山春樹「葛川明王院と地主神社」他

4―全体に関するもの、その他

井上光貞『日本浄土教成立史の研究』一九五六　山川出版社
石母田正『中世的世界の形成』一九五七　東京大学出版会
栂尾祥雲『秘密仏教史』一九五九　密教文化研究所

圭室諦成『葬式仏教』一九六三　大法輪閣
宮田　登『近世の流行神』(日本人の行動と思想一七)　一九七二　評論社
宮家　準『山伏――その行動と組織』(日本人の行動と思想二九)　一九七三　評論社
速水　侑『平安貴族社会と仏教』一九七五　吉川弘文館
黒田俊雄『寺社勢力』(岩波新書)　一九八〇　岩波書店
比留間尚『江戸の開帳』一九八〇　吉川弘文館
速水　侑『菩薩』(東京美術選書二〇)　一九八二　東京美術
速水　侑『呪術宗教の世界』(塙新書六三)　一九八七　塙書房

『観音・地蔵・不動』を読む

小原　仁

私が速水侑氏にはじめて会ったのは一九六四年の秋で、当時速水氏は北海道大学文学部助手、私は大学二年生で日本史研究室に入りたての時期であった。当時の研究室は、北大正門右の厳めしい建造物から北へ、途中法学部や経済学部を繋いで長く延びるバラック造りの廊下、通称「シベリア街道」の中程にあった。石炭暖房のせいで札幌が煤煙に覆われていた時代だからそれは容赦なく研究室にも侵入し、氏は出勤すると先ず机上を拭き、ついで周辺を綺麗にし、それから助手机に着くのが決まりで、「汚い研究室から美しい研究の花が咲く」といった意味のことを笑いながら仰っていた。そんな速水先輩を、その温和にして重厚な風貌と専門の仏教史研究の縁から泥中の蓮に坐す仏になぞらえ、だれかが「生き仏」と渾名した。私にとって速水氏ははるか雲の上の人であったし、自分の研究テーマが速水氏の周辺に位置することになるとは思ってもいなかったので、さしたる感懐もなく聞き流していた。だが間もなく、速水氏は一年間の国内留学のためその浄机を離れることになる。そして数年後、その机上から続々と古代仏教史の成果を公にされるのを目の当たりにして、遅ればせながら、なるほど、と納得したのである。

速水氏は一九六五年四月より翌年三月までの一年間、東京大学文学部で井上光貞氏の研究と指導に接し、その影響を受けた。初期の著作『観音信仰』（塙書房、一九七〇年）、『弥勒信仰』（評論社、一九七一）、『地蔵信仰』（塙書房、一九七五）などが、井上光貞『日本浄土教成立史の研究』（山川出版社、一九五六）の図式を、阿弥陀信仰以外の諸信仰に対象を代えて確認しようとするものであったことは、速水氏自身も述懐するところである（『平安仏教と末法思想』吉川弘文館、二〇〇六）。その後井上氏は『日本史研究入門』Ⅲ、第五章（東京大学出版会、一九六九）で古代・中世仏教史における密教研究の不可欠なることを強調するが、同年、速水氏も「光明真言と初期浄土教」（笠原一男編『日本における社会と宗教』吉川弘文館、一九六九）を発表し素早い反応を示しているが、おそらくこれ以前にかかる先端的情報に接していたのであろう。

浄土教と密教は対立関係においてとらえられることが一般であったから、速水氏がもっとも腐心したのも両者の関係をいかに整合的に把握するか、という点だっただろう。それについて速水氏は、平安時代における「国家的ないし共同体的信仰形態」から「個人的信仰形態」の発達という変化の図式を想定して、そのような「個人的信仰」の視点を導入すれば、両者はかならずしも対立するものではなく共通の問題関心のもとに扱うことができると考えた。このような視点からの成果が『平安貴族社会と仏教』（吉川弘文館、一九七五年）であった。これは浄土教と密教の教義上の会通というよりは、信心の根底を成す現世利益の無原則的包容力とでも評すべきものかもしれないが、いずれにしても仏教の問題を「信仰」の視点から理解しようとする方法は、正統的で有効な切り込み方と言えよう。そして『観音・地蔵・不動』もまたそのような視点から叙述されている。冒頭に「日本人が特に親しみを感じ、守り本尊などにしたのは、過去に悟りを完成して浄土に住む釈迦・阿弥陀・大日といった仏よりも、人びとの間にまじわり、現世から来世まで多様な願いに直接応えてくれる、菩薩や明王であった。なかでも観音・地蔵・不動は、こうした日本人の守り本尊的役割を果たす菩薩・明王の代表であろう」とある。これは人びとの信仰の歴史を御利益の視点からたどろうとしたものと言い換えることもできよう。近代以降、信仰の問題はともすれば合理的な思惟に合致する部分が注目され、高度に精神的・内面的なものとして論じられがちであったが、人びとの信仰にはつねに御利益を期待する非合理的な心情が存したのも事実である。本書は信仰の問題を教理や経典の建前の高見から論じるのではなく、「御利益」といういわば「信仰の本音」に即して通観しようとしたものである。以下、章をおってその概略をたどっていく。

第一章　西から来た神

仏教伝来後一世紀余りの間は、人びとは仏を「ホトケという名の神々」ととらえ、外来の神の呪力に帰依しても、諸尊の個性や利益の特徴については理解していなかった。蕃神とされたホトケのうち、現存する当時の文献に記される諸尊像数を比較すると、観音が四十六例で突出し、阿弥陀は二十例、地蔵はわずかに四例、不動は見られないという。観音が広く信仰された証であるが、その信仰の内容は、死者の追善供養や不可思議な威力によりさまざまな難をまぬがれたとか、健康や長寿や福徳が得られるといった現世利益が中心であった。

第二章　観音・地蔵・不動―尊命の由来と役割

そもそも観音・地蔵・不動の尊名の由来はどういうことか、それぞれの救いの内容はどのようなものか、まずはこうした基本事項が説明される。はじめに菩薩と明王一般の特徴が述べられ、ともに「救済者」として人びとの願いに応えてくれるがゆえに、遙かに高く遠い存在である仏よりも親しい信仰対象として崇められたとされる。ついで個別的記述に移り、観音・地蔵・不動それぞれにつき、その呼称の由来、救うべき衆生に応じて聖観音が十一面・不空羂索・千手・馬頭・如意輪・准胝などの三十三身に変化する観音、釈迦滅後における無仏世界の衆生を救済する地蔵、大日如来の使者として内に救済の心を秘め外に憤怒の形相を示す不動明王といった尊格の特性、『観音経』＝『法華経』観世音菩薩普門品、『地蔵十輪経』『地蔵本願経』などの関係経典、観音の住所である補陀落山と地蔵の住所である地獄、さまざまな利益などについて説明される。こうした手順を踏んだ堅実な叙述は速水氏の諸書に共通して見られるところで、基礎的な知識の的確な解説は有益であり信頼感に富む。

第三章　王朝貴族の願いに応えて

九世紀初期に最澄と空海が将来した新仏教に対し天皇や王朝貴族が期待したのは、密教の修法でありその加持祈禱の威力であった。空海は宮中真言院の創設を申請した上表文に、密教の陀羅尼の秘法は処方箋によって薬を調合し服用して病を除くようなものだと巧みな比喩をもって説明した。密教の修法は、本来、悟りや即身成仏実現のためにあり空海の真意もそこにあったのだが、天皇や貴族たちは加持祈禱の世俗的効力の側面に注目し護国の秘法としての現世利益に期待したのである。しかしこうした要請に応じて天台宗や南都の諸宗も密教化を進め、時をおかず密教は平安仏教の一大潮流となる。

一方、密教にやや後れて浄土教が台頭してこの二つが平安仏教の主流を成すが、現世利益と来世欣求という相反する二つの信仰を同時に共存させる論理はどのようなものか。重複を恐れずに言えば、速水氏は以下のように説明する。九世紀から十世紀にかけて律令的秩序が崩れ摂関体制が形成されるとその過程で脱落する貴族が現れる。かれらの間に個人的危機意識が深化し、個人の宗教的救済が希求されるにつれ、従来の鎮護国家仏教は変質し私的信仰が発生する。それは一方で私的願望を満たす密教の加持祈禱の発達となり、他方で来世救済を求める浄土教の発達となる。この二つは摂関体制形成期を境に顕著となる貴族社会の私的信仰の両側面であり、個々の貴族の信仰においても、現当二世安楽の願いとして両者が矛盾なく併存している例が多い。たとえば藤原道長の法成寺は極楽往生を願う阿弥陀堂、七道諸国の災を除く七仏薬師と地獄・餓鬼・畜生等六道の衆生の苦を抜く六観音を安置する薬師堂、怨霊降伏を願う五大明王の五大堂など、性格を異にするいくつもの堂宇から成っていた。

顕密二教に架橋する論理と事例はこのようなものだが、本章では、以下、観音信仰については六道抜苦と六観音の成立や観音霊場が説明され、不動信仰については摂関家の人びとの安産祈願や怨霊調伏が引き合いに出され、地蔵信仰については貴族社会における地蔵信仰と『今昔物語集』に見える民間の地蔵信仰を対比して、民間の方が貴族社会よりも「地獄必定」の意識が深刻だったと説明される。

論旨明快でわかりやすいが民間の地獄必定に関しては異論がなくもない。もし『今昔』の編者を知識人と仮定すれば、その民間を見る目にもそれなりのバイアスがかかっている可能性がある。あるいは編者による民間イメージの創造を想定することも不可能ではない。そうだとすれば『今昔』の説話をそのまま民間とするにはいささかの躊躇も感じるが如何か。

第四章　武士の時代の新たな展開

十三世紀以後の武家政権においても密教修法は政権と密着し、なかでも不動法は大いに用いられた。鎌倉幕府内の政争における敵方調伏のため、将軍頼経の息災と調伏のため、また『太平記』には後醍醐天皇が倒幕に際し不動を中尊とする五大明王の五壇法など種々の大法秘法を命じたとある。さらに不動明王の信仰は山伏とも深い関わりを有し、熊野や金峰山の修験者により民間にも広められて、身近な危難を救い利益を与える守護者ともなった。

一方、六道の巷に立ち縁なき衆生を救済するとされた地蔵は、地獄での抜苦ばかりでなくこの世にあってもその救済を多様化させ、身代わり地蔵、田植え地蔵、勝軍地蔵など、農民・武士・将軍など、身分を問わず広く中世の人びとの利益に応えて浸透した。また観音信仰についても、観音霊験所参詣が寺院側の勧進や三井寺系聖の活動により、貴族のみならず民間にも流行し、観音霊験所への巡礼も盛んになった。人びとの御利益願望が菩薩の救済機能をますます多様化させていく過程が見て取れるだろう。

第五章　近世民衆の守護神

中世から近世にかけて仏教諸派の葬式仏教化が進むと、それもまた人びとを仏教と結びつける機縁となった。死後七日ごとに十王の審判を受けるという十王信仰によれば、五七日目に閻魔王の裁きがあり、生前の善悪の諸業が推問され、その軽重により六道のいずれかの行き先が決定される。この閻魔王の本地は地蔵とされ、地獄の鬼から亡者を救済する慈悲の菩薩とされた。さらに民俗信仰とも習合して地蔵を子供の守護神とするなど独特の信仰が形成される。小法師や若い僧侶などのかたちで現れることの多い地蔵は日本に特有のことらしいが、子供と地蔵の関係は現在にも及ぶ地蔵信仰の日本的展開を示す好個の事例である。

観音信仰の盛行は霊場参詣や巡礼に顕著に見られる。武士や民衆が参加するようになり、秩父・坂東・西国の地域名を冠した呼称も十五世紀後半には成立する。同じ頃、東国からの巡礼に便利な熊野那智の青岸渡寺に始まり美濃谷汲寺に終わる順路になり、それを反映した巡礼歌も作られる。さらに十七世紀後半には社会の安定、交通施設の整備、民衆の経済的向上といったことを背景に民衆が独自に巡礼するようになる。

民衆が有名寺社に参詣する際、伊勢講・富士講などさまざまな講が結ばれたが、不動信仰に関しても数多くの不動講が形成され、中でも江戸の成田不動講がよく知られている。問屋商人や富裕な町民によって支えられ、成田不動を深く信仰した歌舞伎の市川宗家の舞台活動や江戸深川での出開帳が盛行に拍車を掛けた。

こうした講参詣・居開帳・出開帳等流行の背景には人びとの御利益信仰があったが、見方を変えれば、こうした自由な信仰行動は幕府の寺檀制度に対する一種の抵抗と見ることも可能である。著者は慎重な態度を持しているが、これぞ民衆の声なき声と言えるかもしれない。その適否はしばらく措くとして、現代の宗教状況はきわめて複雑多様、政治や事件や芸能ゴシップなど、日々マスコミに登場しない日はない。信仰は本質を変えずに時代に応じた衣裳をまとって繰り返し現れるともされるが、近世の活発な信仰活動には現代の諸問題の萌芽も垣間見られる。宗教について考えるうえで示唆に富む必読書である。

（聖心女子大学名誉教授）

本書の原本は、一九九六年に講談社より刊行されました。

著者略歴
一九三六年　北海道に生まれる
一九六四年　北海道大学大学院文学研究科国史学
　　　　　　専攻単位取得退学
　北海道大学助手、東海大学助教授・教授を歴任
二〇〇六年　東海大学を定年退職、名誉教授
二〇一五年　没

〔主要著書〕
『平安貴族社会と仏教』（吉川弘文館、一九七五年）、『源信』（人物叢書、吉川弘文館、一九八八年）、『地獄と極楽』（歴史文化ライブラリー、吉川弘文館、一九九八年）、『平安仏教と末法思想』（吉川弘文館、二〇〇六年）

読みなおす
日本史

観音・地蔵・不動

二〇一八年（平成三十）五月一日　第一刷発行

著　者　速《はや》水《み》　侑《たすく》

発行者　吉　川　道　郎

発行所　株式会社　吉川弘文館
郵便番号一一三―〇〇三三
東京都文京区本郷七丁目二番八号
電話〇三―三八一三―九一五一〈代表〉
振替口座〇〇一〇〇―五―二四四
http://www.yoshikawa-k.co.jp/
組版＝株式会社キャップス
印刷＝藤原印刷株式会社
製本＝ナショナル製本協同組合
装幀＝渡邉雄哉

ISBN978-4-642-06762-1

刊行のことば

現代社会では、膨大な数の新刊図書が日々書店に並んでいます。昨今の電子書籍を含めますと、一人の読者が書名すら目にすることができないほどとなっています。ましてや、数年以前に刊行された本は書店の店頭に並ぶことも少なく、良書でありながらめぐり会うことのできない例は、日常的なことになっています。

人文書、とりわけ小社が専門とする歴史書におきましても、広く学界共通の財産として参照されるべきものとなっているにもかかわらず、その多くが現在では市場に出回らず入手、講読に時間と手間がかかるようになってしまっています。歴史の面白さを伝える図書を、読者の手元に届けることができないことは、歴史書出版の一翼を担う小社としても遺憾とするところです。

そこで、良書の発掘を通して、読者と図書をめぐる豊かな関係に寄与すべく、シリーズ「読みなおす日本史」を刊行いたします。本シリーズは、既刊の日本史関係書のなかから、研究の進展に今も寄与し続けているとともに、現在も広く読者に訴える力を有している良書を精選し順次定期的に刊行するものです。これらの知の文化遺産が、ゆるぎない視点からことの本質を説き続ける、確かな水先案内として迎えられることを切に願ってやみません。

二〇一二年四月

吉川弘文館

読みなおす日本史

飛　鳥 その古代史と風土　門脇禎二著　二五〇〇円
犬の日本史 人間とともに歩んだ一万年の物語　谷口研語著　二一〇〇円
鉄砲とその時代　三鬼清一郎著　二一〇〇円
苗字の歴史　豊田　武著　二一〇〇円
謙信と信玄　井上鋭夫著　二三〇〇円
環境先進国・江戸　鬼頭　宏著　二一〇〇円
料理の起源　中尾佐助著　二一〇〇円
暦の語る日本の歴史　内田正男著　二一〇〇円
漢字の社会史 東洋文明を支えた文字の三千年　阿辻哲次著　二一〇〇円
禅宗の歴史　今枝愛真著　二六〇〇円
江戸の刑罰　石井良助著　二一〇〇円
地震の社会史 安政大地震と民衆　北原糸子著　二八〇〇円
日本人の地獄と極楽　五来　重著　二一〇〇円
幕僚たちの真珠湾　波多野澄雄著　二二〇〇円
秀吉の手紙を読む　染谷光廣著　二一〇〇円
大本営　森松俊夫著　二二〇〇円
日本海軍史　外山三郎著　二一〇〇円
史書を読む　坂本太郎著　二一〇〇円
山名宗全と細川勝元　小川　信著　二二〇〇円
東郷平八郎　田中宏巳著　二四〇〇円

吉川弘文館
（価格は税別）